Dubravka Đurić
GOVOR DRUGE

Biblioteka
Posebna izdanja

Urednik
SIMON SIMONOVIĆ

Recenzenti
Dr BILJANA DOJČINOVIĆ-NEŠIĆ
Dr SVETLANA SLAPŠAK

CIP – Каталогизација у публикацији
Народна библиотека Србије, Београд

82.09:141.72(497.11)"19/20"

ЂУРИЋ, Дубравка

    Govor druge / Dubravka Đurić. – Beograd : Rad, 2006 (Lazarevac : Elvod-print). – 115 str. ; 21 cm. (Biblioteka Rad)

Beleška o autorki: str. 113.

ISBN 86-09-00933-5

a) Књижевна критика, феминистичка – Србија – 20–21в b) Књижевнице – Србија – 20—21в

COBISS.SR-ID 133532684

DUBRAVKA ĐURIĆ

GOVOR DRUGE

RAD

GOVOR DRUGE

KRITIKA KRITIKE I KRITIKA POEZIJE

osnove za moguću sistematizaciju
i vrednovanje savremene srpske poezije

I

Činjenica da se poezija ne čita ili da se nedovoljno čita, kritičaru i kritičarki ne može biti opravdanje za njihovo nedovoljno angažovanje. Pesnik i kritičar su pre svega i jedino odgovorni pred svojom književnošću. Kriterijum šire čitalačke publike uvek računa na ispunjenje horizonta očekivanja — na prepoznatljive književne kodove. Svako odstupanje od prepoznatljivih kodova stvara probleme u percepciji. Zadatak kritičara jeste da čita i to čitanje dâ na uvid matičnoj kulturi. Poezija koja odgovara duhu vremena u kojem se stvara obično se ne čita u tom vremenu, već izvan tog vremena. U vremenu kada nastaje, čitaju je pesnici, kritičari, umetnici... Poezija koja se masovno čita u vremenu kada je nastala, ne čita se izvan tog vremena.

Za stanje u poeziji odgovornost snosimo i mi kritičari, jer je zadatak kritike da kanališe, podrži i ispita prirodu savremene poezije, da razvrsta i sistematizuje tendencije, da analizira pojedine autore, da podrži bogatstvo i raznovrsnost književnosti. Poezija sama po sebi nema značenje, ona nije prirodna datost, već je kuturološki determinisana delatnost. Njena značenja su neodvojiva od značenja kulture u okviru koje se razvija, ali i od opštih svetskih tendencija, jer se nijedna kultura ne razvija autohtono, nezavisno od razvoja drugih kultura. Mada su opšte svetske tendencije nepobitna činjenica, poezija zavisi i od stadijuma razvoja sopstvene, nacionalne književnosti. Tako pojedine opšte tendencije u okviru određnih kultura mogu dobiti posebna značenja, a isti postupci različite funkcije, koje utiču i na menjanje kontekstualnih osobina pojedinačnih aspekata u građenju jezičkog umetničkog dela. Zadatak je kritičara da poeziji dâ širi smisao, da je kontekstualizuje i sistematizuje. Kritičar svojim jezikom mora da ocrta dovoljno razuđenu mentalnu mrežu na koju će postaviti opuse različitih autora, odrediti njihove odnose, sličnosti i razlike. Kritičar razmatra odnose i mene, i njihova značenja unutar opusa jednog autora. Zatim odnose između više autora koji pripadaju istoj ili sličnoj tendenciji i odnose između različitih tendencija. Sve ovo on posmatra sinhrono i dijahrono. Kritičar mora imati jasne kriterijume na osnovu kojih sudi o poeziji pojedinačnih autora, mora ih otvoreno izneti, jer ti kriterijumi nisu večni i univerzalni, već se razlikuju od epohe do epohe i u skladu su sa opštim saznanjima i razvojem teorije poezije, a u skladu su i sa tipom literature za koju se kritičar zalaže. Univerzalni kriterijumi sakrivaju činjenicu da ne postoji prirodni, neutralni jezik pesnika, ali ni kritičara. I pesnik pri stvaranju i kritičar pri vrednovanju podrazumevaju korpus hijerarhijski poređanih pravila, koji određene postupke i sadržaje isključuje, dok druge podrazumeva i zahteva. Kritičari nisu skloni da to priznaju, jer bi time negirali svoj povlašćeni položaj u kulturi, koji im daje neograničenu moć. Poezija nije vredna po sebi, već postaje vredna tek kada je institucionalno verifikovana, tek kada joj kritičari daju ili priznaju vrednost. Ali, vrednosni sudovi kritičara otkrivaju njegovu sopstvenu poziciju i govore o njegovoj metodi. Merila kritičareva su krajnje relativna. Različiti su tipovi književnosti, kao što su različiti i kriterijumi kritičara. Kritičar mora imati jasno izgrađenu metodologiju koja će mu omogućiti pristup pesničkom delu. Metoda ima raznih, te analiza jednog pesničkog dela može da se sprovede iz raznih polaznih metodoloških tačaka, i u zavisnosti od metodologije, kritičar će različito osvetliti poeziju nekog autora. On može delu pristupiti sa aspekta impresionističke kritike, normativne tradicionalističke kritike, s aspekta ruskog formalizma, strukturalizma, poststrukturalizma, feminizma, fenomenologije, itd. Razlika metodoloških pristupa nam govori da postoje uvek drugačiji kriterijumi kojih kritičar mora biti svestan — on mora imati jasno definisan metod i mora biti svestan svog metoda. Treba skrenuti pažnju i na fenomen da kritičari usvajaju metode najnovijih teoretskih dostignuća u interpretaciji teksta (formalizma ili semiotike, na primer), ali ih unose u okvire krajnje tradicionalističkog shvatanja književnosti. To stvara utisak da je metod kritičara superioran u odnosu na poeziju koju istražuje, ali istovremeno nas navodi da posumnjamo u kritičarevu svest i zasnovanost njegovog metoda. Kritičarski aparat može analizirati sve u poeziji. Ono što ne može da analizira, to za kritičara ne postoji. Tek će novi metod, nov pristup književnom delu, dati novu interpretaciju i novo značenje koje se pridodaje ranijim značenjima i tumačenjima ili ih radikalno menja. Kritičar mora da ima poverenje u poeziju. Svaka poezija kritičaru govori o sebi. Kritičar, pod pretpostavkom da ima jasan metod i da ga je svestan, mora samo da bude dovoljno otvoren i da pusti književno delo da mu se razotkrije, da mu govori. Poezija se zasniva na određenim konstruktivnim principima, podrazumeva određen pesnikov odnos prema formi, sadržaju, međusobnim odnosima raznih konstruktivnih faktora. Ponekad su oni ogoljeni, ali su još češće skriveni. Zadatak kritičara je da u njih pronikne i da ih opiše, da analizira različite konstruktivne faktore i konstruktivne principe. Dok bavljenje poezijom može pesniku dozvoliti izvesnu lagodnost, bavljenje kritikom je ne dozvoljava. Kritičar mora stalno da bude u formi. Stalno mora da snaži svoj metod, produbljuje ga i proširuje — stalno mora da se bavi teorijom i istorijom književnosti koje ga snabdevaju osnovnim kategorijama i pojmovima. Kult komunikativnosti u direktnoj je vezi sa potencijama kritičara. Kritičar podržava onu vrstu poezije koja je dostupna njegovoj kritičarskoj metodi. Tip kritike i tip pesništva koje kritika podržava uvek su istorodni. Povlašćeni status „poezije" dobija poezija koju kritičar može dešifrovati, tj. pronaći i iskazati njene parametre. Sve što izmiče kritičarevom razumevanju, do čega njegova metoda ne dopire, određuje se kao nepoetsko ili kao manje vredna poezija, marginalna i beznačajna. To znači da kritičar podržava poeziju koja je njemu razumljiva, najčešće onu koja se kreće u okvirima manje ili više ustaljenih književnih kodova, a ako se radi o izvesnim pomeranjima, ta pomeranja se dominantno dešavaju na planu sadržaja.

II

Načelno se mogu izdvojiti tri tendencije u okviru sinhronijskog preseka jedne nacionlne poezije: poezija okrenuta prošlim stilskim formacijama, poezija ekstemno modernistička i poezija koja teži da pomiri ove dve tendencije. Pesnički opusi često u različitim hijerarhijskim odnosima koriste različite elemente osnovnih tendencija. Kritičar mora da odredi u kojoj meri su zastupljeni neoklasicistički, neoromantičarski, neorealistički, neosimbolistički, neomodernistički ili neoavangardistički elementi i kako se njihova upoteba i značenje menjaju s obzirom na trenutak u kojem se koriste. Možda je s aspekta savremene poezije još primarnije razlikovanje pesnika na osnovu njihovog odnosa prema samom mediju — jeziku. Dve su osnovne suprotstavljene tendencije: prva jezik smatra prirodnom datošću, jezik je za nju samo sredstvo, prenosnik određenih informacija (o svetu, čoveku — njegovim osećanjima, doživljajima, mislima; o Bogu, Prirodi, Univerzumu, itd.). Druga smatra da jezik nije prirodna datost, da njegova funkcija nije utilitarna, da on ne prenosi informacije, da nije proziran medij. S aspekta forme, tradicionalnim terminima govoreći, u prvom slučaju pesnik je usredsređen na sadržaj, a forma je manje ili više pogodna za posredovanje određenih sadržaja. Ovo nužno ne isključuje brigu o formi. Ali, pošto je briga za sadržaj dominantna, briga za formu u najboljem slučaju podrazumeva visoko kultivisan i pročišćen jezik, uglađenu formu, uravnoteženu sa iskazom. U drugom slučaju, pesnik se pre svega brine o formi, za njega forma ili formalni aspekti medija — prirodnog jezika, kao i drugostepeni formalni aspekti književnog jezika — jednako su izvor informacija, kao i aspekti jezika koji pojednostavljeno u književnom delu zovemo sadržajem. Pesma tada ne pruža informacije o svetu, ne preslikava prethodno postojeću stvarnost, već iz kodova prirodnog jezika i iz kodova književnog jezika i kulture gradi nove svetove. Briga za formu ne isključuje brigu za sadržaj, ali pojam sadržaja sasvim je izmenjen. Najoptimalnije geslo glasi: svi formalni aspekti su ujedno i aspekti sadržaja i svi aspekti sadržaja su ujedno i aspekti forme. Treća, u našoj poeziji prilično rasprostranjena, tendencija je ona koja formalna rešenja, tipična za formalističke i avangardne tendencije, unosi u kontekst one tendencije za koje je u književnosti najvažniji aspekt poruka, informacija, sadržaj. Vidimo kako jedan isti postupak menja radikalno svoju prirodu u zavisnosti od toga u kom kontekstu je primenjen, tj. u zavisnosti od dominante — onog aspekta književnog dela koji deformiše sve ostale i određuje stvarnu prirodu književnog dela, ali i postupka. Priroda književnog postupka se može određivati samo s tog aspekta. Kada je u pitanju poezija koja u prvi plan stavlja sadržaj, moramo se upitati koja je funkcija sadržaja, kakvu posrednu informaciju pesnik sadržajem prenosi. Svaki sadržaj i svaka forma posreduju određenu ideologiju. Oni teže da očuvaju tradicionalne vrednosti, da ih podriju ili nastoje da ih negiraju. Ponekad im se rugaju, ali ako ironija nije dovedena do krajnjih, pa i apsurdnih konsekvenci, ona te vrednosti podržava. Postupci i sadržaji u poeziji nikada nisu jednoznačni. Za kritičara je važan odnos elemenata, način njihovog spajanja koji na planu sadržaj-forma posreduje šire značenje nego što je to doslovno značenje književnog dela. Šire značenje je prizvod odnosa sa književnoću i šire, sa datom kulturom. Kritičar se u analizi kreće od strukturalnih istraživanja dela do ispitivanja značenja struktura na višim hijerarhijskim nivoima, nego što je to delo.

Zadatak kritičara može biti da uspostavi glavnu liniju evolucije nacionalne poezije, prateći promene koje se vremenom dešavaju u dijahroniji, promene u postupcima i novine u sadržajima, kao i njihov širi smisao. Čineći to, kritičar nije onaj koji posreduje značenja, već istovremeno sudeluje u njihovom kreiranju. Dopuštajući poeziji njena značenja, eksplicitnije ih izražavajući i ističući neke njihove elemente, kritičar i sam ustanovljava značenja, dajući pesnicima parametre koji im mogu poslužiti kao polazište koje žele dalje da izgrade ili da mu se suprotstave u konkretnoj pesničkoj praksi. Kritičar može ukazati i na drugačije tendencije, supotstavljene glavnom evolucionom toku. Prateći evoluciju književnosti, on prati i evoluciju pojedinih pesnika, koji se takođe kreću (menjaju) kako se kreće i menja književnost u evolutivnom toku. Metodološki se postavlja pitanje da li će kritičar dati sinhronijske preseke u svoj njihovoj raznovrsnosti ili će pratiti evoluciju (ono što je po njemu glavni tok razvoja) ili će kombinovati oba postupka — pratiće evoluciju i ukazivati na druge sinhrone tendencije.

Kritičar treba da u određenom pesničkom opusu pronađe dominantu koja deformiše ostale njoj potčinjene elemente. On mora da pronađe konstitutivne elemente poezije jednog autora i da uoči i iznese, ogoli, svojim jezikom izrazi njihove hijerarhijske odnose. On mora da precizno odredi funkcije elemenata, jer funkcija, s obzirom na dominantna obeležja dela, govori o prirodi i karakteru elementa u ispitivanoj poeziji. Svako književno delo je dinamička celina — razni elementi učestvuju u formiranju značenja celine, ali to značenje zavisi i od šireg konteksta u okviru kojeg se stvara — konteksta uže i šire kulturne zajednice.

Pitanje savremene poezije se postavlja i razrešava kroz pesnikov odnos prema: 1. jeziku; 2. formi; 3. sadržaju; 4. aspektima stvarnosti; 5. jastvu. Kritičar se mora zapitati da li je pesnički medij za pesnika samo transparentan prenosnik izvanjezičke stvarnosti? Da li je „stvarnost" za pesnika izvanjezička ili unutarjezička stvarnost? Kada su u pitanju intencionalne inovacije, suštinsko je pitanje da li se poetski jezik inovira na nivou sadržaja ili na nivou forme? Da li pesnik vlada medijem ili medij vlada njime — postavlja se pitanje kultivisanja ili intencionalnog nekultivisanja forme. Kada je forma intencionalno nekultivisana, postavlja se pitanje da li materijal vlada pesnikom, ili pesnik materijalom. Svako svojstvo ima određenu funkciju u sklopu ostalih svojstava i nju je važno odrediti. Pitamo se zatim da li postoji koherentno jastvo u pesmi čiji nam glas govori — da li glas simulira ispovest i teži autentičnom svedočanstvu, da li je u pitanju maska, persona, ili je jezik jastvo koje progovara?

Za srpsku poeziju, kao i za srpsku kritiku osnovni problem je problem sadržaja. Sadržaj se shvata kao suštinska kategorija poezije, kojoj se daje najviša moguća vrednost. Dominantna struja kritičara tu kategoriju podržava, podstiče i brani. Briga za sadržaj i isticanje te kategorije u prvi plan krije jednu opasnost — pesnici se manje brinu za kultivisanje forme. Ukoliko se brinu, onda se približavaju klasicističkom shvatanju književnosti. Na planu sadržaja u srpskoj tzv. mlađoj poeziji dominira tema svakodnevnog, banalnog. Usredsređenost na tu tematiku podrazumeva kolokvijalno i šatrovačko izražavanje, te pesnici u svoju poeziju unose semantič-ki već u svakodnevnom životu prezasićenu leksiku. Pesnički izraz tako odaje utisak namerne ili negovane nekultivisanosti. Pesnici žele da tradicionalno shvatanje poezije kao uzvišene delatnosti, sfere sakralnog, razore na leksičkom planu unose-ći skaredne reči ili na tematskom planu opisujući svakodnev-no i banalno. Ova tendencija, koja se kod različitih pesnika javlja u kombinacijama sa drugim karakteristikama, može prouzrokovati da medij — poetski jezik — ostaje nekultivi-san, da ne osećamo borbu pesnika sa materijalom, materijal ostaje sirov, neukroćen. Svrha ove intencije jeste da šokira. Ali, u društvu gde su psovke i skarednosti svake vrste uobiča-jeni tip ponašaja i najprosvećenijih slojeva, više šokira i iritira jezičko čistunstvo. Drugi problem poezije i kritike je problem naturalizacije govora koja u umetnosti, poeziji, neutrališe njen konstruktivni karakter. Kritičari uglavnom podržavaju poeziju koja vešto skriva postupak. Naša kritika je još uvek normativna kritika. Kritičar polazi od unapred datih pretpos-tavki šta je poezija i koje kriterijume mora da zadovolji da bi bila poezija. Kriterijum je najčešće: poezija mora da prenosi određenu poruku. Poruka se kreće u rasponu Čovek — Zem-lja — Nebo, ovostrano i onostrano. Možda bi za promenu trebalo krenuti obrnutim putem: pokušati da se shvati šta određena poezija po svojoj prirodi jeste.

U dominantnoj liniji srpske poezije nije došlo do dehuma-nizovanja sveta, do ignorisanja duboko ljudskih vrednosti. Poezija je od ljudi, za ljude i o ljudima. Poezija u glavnoj kriti-čarskoj i pesničkoj produkciji nije zadobila samostalan status u kojem se poezija bavi poezijom, svojim medijem — jezikom. Uticaji takvog iskustva su vidljivi u mnogim pesničkim opu-sima, ali je vrlo retko on u čistom vidu izražen, a još manje je kao takav institucionalno podržan od strane kritike. Kritika je, usled institucionalne moći, uvek odgovorna za stanje u poeziji, za redukovanje raznovrsnosti poezije. Kritika snosi odgovornost za nasilje koje vrši nad poezijom. U vrednosnom aspektu kritike leži najveća opasnost za poeziju. Jer kritika guši aspekte koji se ne poklapaju sa načelima normativne poetike koju kritičar zastupa. Pojam ludizma je još jedna kategorija koja se mora preispitati u svim aspektima i značenjima. Ludizam kao neizmerna igra sa jezikom, igra radi igre, ludizam kao kreiranje novog sveta u jeziku, od reči, ili upotreba ludizma u druge svrhe, kao jedan od postupaka poezije. Ponovo ćemo istaći da nije važan postupak po sebi, već način njegove upotrebe i vrsta konteksta u okviru kojeg se upotrebljava, jer način upotrebe, njegova funkcija i kontekst unutar kojeg se upotrebljava menjaju njegovo značenje i njegovu prirodu. Potrebna su mnogo suptilnija razvrstavanja od onih koje sada imamo da bismo tačno definisali i odredili položaj određenih pesničkih opusa u okviru šireg tela poezije, da bismo videli smisao i značenja celine pesničkog korpusa. Potrebno je odrediti smisao i značenja pojedinih opusa, krećući se od celine ka pojedinačnom opusu, pojedinačnom delu i obrnuto od pojedinačnog dela i opusa ka celini pesničkog korpusa. Potrebno je jasno i precizno definisati kategorije i njihove vidove koji se kroz pesničku praksu javljaju i razvijaju. Kao što je potrebna kritika poezije koja preispituje i istražuje pesnički postupak, možda nam je u ovom trenutku potrebnija kritika kritike koja će istražiti i preispitati kritičarske postupke.

MNOGOSTRUKI IDENTITETI
U POEZIJI PESNIKINJA:
J. ŠALGO, LJ. ĐURĐIĆ, R. LAZIĆ

Uvodne napomene

U ovom tekstu polazim od pretpostavke da su književni radovi kulturno specifični, da svoja značenja dobijaju unutar konteksta u okviru kojeg nastaju. Nema univerzalnih značenja, kao što nema ni univerzalnih pesničkih postupaka.

Mnoge teoretičarke feminizma su istakle da je kultura drugačije organizovana za žene, a drugačije za muškarce. Kultura Zapada je oblikovala pojam „neutralih" i „univerzalnih" kategorija. Feministička teorija nas, s druge strane, uči da takve kategorije ne postoje, uvek su u pitanju razlike. U patrijarhalnom društvu dominantni diskurs određen je muškim subjektom, dok je ženski subjekt potisnut na margine i deluje u sferi privatnosti. Budući da je ženama dugo oduzimano pravo glasa, feministkinje smatraju da je za žene važno da interpretiraju svoju sadašnju situaciju i svoj status ne samo u smislu ekonomske nezavisnosti, već i u smislu razvijanja simboličkih praksi. Feminističke teoretičarke pokazuju da „ženske" osobine nisu posledica ženske prirode, već pozicije koju žene zauzimaju u odnosu prema simboličkom poretku. Zato, da bi postale subjekti, žene moraju biti uključene u stvaranje kulturne i političke realnosti. U ovom radu će me zanimati da na primeru tri pesnikinje koje deluju u okviru srpske kulture, istražim ženu-kao-subjekt, spisateljicu koja piše u okviru dominatno muški definisanih pesničkih diskursa i stvara sopstveni diskurs. Rad polazi od pretpostavke da ne postoji jedinstveni subjekt, da ne postoje opšte ljudske vrednosti koje taj subjekt otelotvoruje. Pojam subjekta je dinamična konstrukcija, kulturološki određena polom, rodom, rasom, klasom, politikom i poetikom. Identiteti se oblikuju u specifičnim uslovima konkretnog geopolitičkog konteksta i zato su društveno i kulturološki određeni. Zato su i sva značenja i svi modeli kulturne proizvodnje kulturološki i društveno određeni.

Imajući u vidu navedene razlike, analiziraću po jednu zbirku pesnikinja: Judite Šalgo (rođena 1941. u Novom Sadu, gde je i umrla 1996), Ljiljane Djurđić (rođena 1946. u Beogradu) i Radmile Lazić (rođena 1949. u Kruševcu). Zbirke su nastale u različitim periodima, a njihove pesničke ekonomije podrazumevaju različite pristupe i ideologije. Izdvajam ih kao tri pristupa poeziji tipična za stvaralaštvo pesnikinja. Prva razlika na koju ukazujem je razlika u poetičkim identitetima tekstualne ili pesničke prakse. Knjiga Judite Šalgo „67 minuta naglas" objavljena je 1980. i pripada nenarativnim spisateljskim strategijama radikalne tekstualne prakse. Knjiga Ljiljane Djurđić, „Preobilje / Nula", objavljena 1991. i knjiga Radmile Lazić „Priče i druge pesme", objavljena 1998. pripadaju pesničkim praksama koje se usredsređuju na označeno, jezik se u njima shvata kao prozirni medij, kojim se pesnički subjekt izražava i reaguje na svet oko sebe.

Decentrirani ženski subjekt kao društvena konstrukcija:
Judita Šalgo

Rad Judite Šalgo oblikovao se sedamdesetih godina na novosadskoj multietničkoj kulturnoj sceni. Višejezička Vojvodina bila je jedno od važnih središta neoavangardne i postavangardne umetničke prakse u bivšoj Jugoslaviji. U okviru tih umetničkih i književnih pokreta deluje mali broj žena, a među njima su mađarska vojvođanska umetnica i pesnikinja Katalin Ladik i mađarsko-jevrejska vojvođanska spisateljica Judita Šalgo. Judita Šalgo je spisateljskom praksom izažavala svoju Drugost u odnosu na dominantnu (srpsku) kulturu. Pisala je, kako mi je u jednom razgovoru rekla, na jeziku koji joj nije bio maternji. Njena „drugost" je vidljiva i u njenoj tekstualnoj praksi, koja nije pripadala dominantnoj, već marginalnoj sceni (reakcija kulturne javnosti na ovu vrstu tekstualne prakse vidljiva je u autorkinoj napomeni na kraju ove knjige: „... jer radovi poput ovih — za koje znam samo pogrdne oznake: poetsko-prozni, hibridni, plakatski, sve u svemu moderni(stički)..."). Ali u okviru te „druge (marginalne) scene", ona je opet „druga" s obzirom na rod, jer je bila među retkim ženama delatnim u okviru dominantno muške književne scene. Kao prevoditeljka sa mađarskog jezika, bila je medijatorka između dve jezičke zajednice, tako da su mnogi radovi, zahvaljujući njenom prevodilačkom radu postojali paralelno na mađarskom i tadašnjem srpskohrvatskom jeziku. Poetički identitet ove autorke proizlazi iz dinamike vojvođanskog tekstualizma. Od kraja šezdesetih do kraja sedamdesetih autori i autorke razvijaju tekstualne prakse u kojima nestaju granice između poezije, proze, eseja, književnosti i umetnosti, itd. Taj trenutak se imenuje ili kao kasni modernizam ili kao početak postmodernizma. Tekstovi u knjizi *67 minuta naglas* izgrađuju se nasuprot humanističkim pojmovima lepe književnosti, lirske poezije, lirskog subjekta, prozirnosti teksta, koji upućuje na realnost izvan jezika, narativnosti, opšteljudskih suština, itd. Tekst pokazuje da je veštačka tvorevina zasnovana na konvencijama jezika, kulture, književnosti. U skladu sa tim, autorka u jednom delu teksta pod naslovom „Rečnik" pokazuje da je i ljudsko biće, u konkretnom slučaju žena, društvena konstrukcija, i da joj se u društvu paralelno dodeljuju različite funkcije. Ona pokazuje da se pojam „žena" ne odnosi na

ideal univerzalne „ženskosti", već je to niz paralelnih identite-
ta, koji sa-postoje u jednom ljudskom biću, određenom ro-
dom kao kulturološkom konstrukcijom, klasom, rasom,
obrazovanjem, podelom rada, itd. Autorka polazi od rečenice
„Ja idem kući". Svaka reč se zatim objašnjava:

> „Ja (lična zamenica prvog lica jednine, nominativ):
> Judita, rođena Manhajm, adoptirana Šalgo, udata Mirko-
> vić. (Datum i mesto rođenja, pol, imena roditelja vidi u
> Izvodu iz matične knjige rođenih Narodnog odbora Novi
> Sad, tekući broj 116, od 27. IV 1950. (original izgubljen).
> Podatke o bračnom i porodičnom statusu vidi u Izvodu iz
> matične knjige venčanih, Skupština opštine Novi Sad, te-
> kući broj 730, izdatom 15. jula 1967; broj 1035, od 28. IV
> 1969. i Izvodu iz matične knjige rođenih, Opština Novi
> Sad, pod tekućim brojem 840, izdatom 21. III 1972. godi-
> ne u Novom Sadu. Za podatke o školskoj spremi, zapoš-
> ljavanju i radnoj biografiji vidi Prepis diplome Filološkog
> fakulteta u Beogradu, br. 26\102 od 3. marta 1966; Radna
> knjižica, serija A broj II 1010930, registarski broj 23112,
> izdatu 18. XII 1964. u Novom Sadu; kratke biografije pri-
> lagane konkursnim molbama za popunjavanje upražnje-
> nih radnih mesta. Oblik vlastitog poimanja: ja, mama
> (mama će ti dati ...); nazivi na koje se odazivam: Judita,
> Juco, mama, kevo, dete moje, ti, ej ti, vi tamo, Šalgo, Mir-
> ković, drugarice, ženo, gospođo, gospođice, devojko, cu-
> ro (curo, evo jeftinog sira...);
> ja: ljudsko biće, žensko; kći, supruga, majka; snaja; zao-
> va; sunarodnik; sugrađanin; glasač; građanin; državljanin;"

Tekstovi iz knjige *67 minuta naglas,* nastali su sedamde-
tih godina u bivšoj Jugoslaviji, koja je bila, u odnosu na dru-
ge zemlje istočnog bloka, otvorena zemlja. Komunistički reži-
mi su smatrali da je žensko pitanje rešeno, jer su žene u
„novom društvu" ravnopravne sa muškarcima, one se obra-

zuju, zapošljavaju i plaćene su kao i muškarci, nema muških i ženskih zanimanja. Ma kakva bila realna situacija u odnosu na proklamovane ideje, moglo bi se reći da su ipak, u izvesnoj meri te ideje, kao deo komunističke ideologije bile i deo iskustvene realnosti. U skladu sa tim, duboko je bilo ukorenjeno shvatanje da je književnost univerzalna kategorija i da se ne može deliti na mušku i žensku, i da je književnost kao društvena praksa podjednako dostupna ženama i muškarcima. Činjenica je da je na vojvođanskoj književnoj i umetničkoj sceni sedamdesetih, kada se posmatra radikalna tekstualna praksa, pored Judite Šalgo, bilo malo žena. Tekstovi Judite Šalgo duboko su obeleženi uverenjem da je jezik kao medij umetnosti podjednako dostupan ženama i muškarcima. Njena neemotivnost, stroga posvećenost mediju (jeziku) i kodovima jezika i kulture ista je kao i kod njenih kolega (pomenuću Vojislava Despotova). Ali u njima je prisutna i svest o sopstvenom rodu, i ona proizilazi iz svakodnevnog iskustva (drugačiji društveni (rodni) status, svest o biološkoj (polnoj) razlici, iskustvo rađanja, itd). Telo se tu upisuje u tekst. Ovo se možda najeksplicitnije ispoljava u tekstu „Srednji rod". Judita Šalgo često upotrebljava organske i fizikalne pojmove, koji su po definiciji kulture bliži ženama, s obzirom na njihovu reproduktivnu funkciju koja se smatra kao element prirode, nasuprot kulturi, koja je mentalna, neorganska kategorija. U radu „Srednji rod", oblikuju se glasovi muškarca i žene:

> „Muškarac:
> Hoće li iko potvrditi da sam
> Taj-i-taj, a ne samo da bih
> mogao biti to-i-to? Ne verujem
> u verovatno, istiniti su samo
> da i ne. Njima se iskazuje
> najtananije i najpromenljivije.
> Lažno je možda, valjda, čini se,

kako se uzme, manje-više, ko
zna, ne zna se. Lažna je siva boja,
pomirljivost, sve što je između.(...)
žena:
Desi se da nad Korčulom pada kiša,
a tlo je ipak suvo, ali zato jedan konj
pod Velebitom pije izvorsku vodu;
da čovek nešto zna, a tek posle saz-
na, ili da najpre oseti bol, a tek se
posle udari; (...)"

Jezik muškarca je apstraktniji, teži logičnosti i racional-
nosti. Jezik žene je konkretniji, zaronjen je u materijalnu real-
nost pojavnog sveta. Tu se ispoljava autorkina svest da su svet
i jezik žene i muškarca kulturološki različito definisani, ali se
obe pozicije u daljem toku ove tekstualne poetske strukture
destabilizuju, čime se izbegava svaki esencijalizam. Govor že-
ne i muškarca na kraju strukturno i logički daju istu poruku,
zato se može reći da autorka u svom stvaralaštvu, kao uosta-
lom i mnoge žene njene generacije u istom periodu aktivne u
kulturi, slično doživljavaju svet i sebe kao delatnu ženu u sve-
tu. One su svesne svog roda i ne negiraju ga. Ta svest se ispo-
ljava i kroz njihovu umetničku delatnost, ali istovremeno one
zadržavaju osećanje da je umetnost Umetnost sa velikim U i
da joj podjednako mogu pristupiti i muškarci i žene, koji kao
pojedinci kroz nju razvijaju kreativne sposobnosti.

Pesnikinja kao subjekt na javnoj sceni: Ljiljana Đurđić

U opusu Ljiljane Đurđić u središtu mog interesovanja bi-
će zbirka pesama *Preobilje \ Nula*. Pesme su nastale pretežno
tokom osamdesetih godina, a zbirka je objavljena 1991. Na-
slov je indikativan. On se u apstraktnim kategorijama može

tumačiti kao binarna opozicija tipična za zapadna društva i za sistem vrednosti humanističke kulture. Taj binarizam kritikovaće dekonstrukcija i feministička teorija. Binarni sistemi podrazumevaju podele kao što su kultura/priroda, duhovno/materijalno, muško/žensko, belo/crno, itd. u kojima je jedan član binarne opozicije privilegovan, dok se drugi smatra manje vrednim. U književnosti drugi, potcenjeni član binarne opozicije bile bi karakteristike koje se smatraju ženskim. Na planu stila to su: preterano izražavanje emocija, osećajnosti, sentimenata, a na planu sadržaja, sve što se odnosi na kuću, ženske poslove, sferu privatnosti, odnos prema bliskim osobama, itd. U sedamdesetim i osamdesetim godinama, u politički i ekonomski prilično stabilnim uslovima socijalističke samoupravne Jugoslavije, za generaciju žena koje su tada postajale zrele autorke, emancipacija u književnosti značila je pokazati da žena ume da piše „muški". Smatralo se da književnost nema određenja roda i da je ona jedinstveni duhovni i stvaralački prostor. Ipak, kao što sam već napomenula, kulturološki gledano, jasno je da taj prostor nisu podjednako zauzimale žene kao i muškarci, da je taj prostor bio „okupiran" od strane pesnika i kritičara, koji su određivali „univerzalne", tj. muške osobine pesništva. Izvestan broj žena, među kojima je Ljiljana Đurđić, trudio se da pokaže da žene mogu ravnopravno ovladati „muškim" načinom pisanja poezije. „Preobilje" u naslovu bih zato tumačila kao preobilje, koje se pripisuje ženi na materijalnom planu, u smislu reproduktivnog tela (priroda) i u smislu proizvođačice književnih dela (kultura). Ova interpretativna konstrukcija ukazuje na to kako ova autorka rešava problem žene-spisateljice koja u kulturi postaje delatna i čija se kreativna spisateljska sposobnost visoko društveno vrednuje. Činjenica da žena piše „snažnu", „neemocionalnu" poeziju, govori o tome da je na delu tipična ženska maskarada. Maskarada podrazumeva da žena može igrati ulogu žene, ali ne nužno. Maskarada odvodi od biološkog esencijalizma, na taj način se autorka suočava sa rešavanjem problema Drugosti u kulturi, u kojoj se drugost (u opoziciji muškarac — žena) odbacuje.

Za Ljiljanu Đurđić značajan je pojam velike književnosti, a to znači velikih, kanonskih autora, mahom visokog modernizma, sa malim brojem spisateljica. Ova autorka nalazi načina da praktikuje poeziju kakvu piše, zahvaljujući spisateljskoj ekonomiji koju omogućava maskarada. Pesnikinjin glas postaje glas kojem je dozvoljeno da stupi na javnu scenu. Taj glas ima pravo da govori o značajnim stvarima u javnoj sferi. On sudi o kulturi, o istoriji, o moralu i politici. Ovaj naizgled neutralni glas pesnikinja prisvaja da bi kao žena mogla da stvara poeziju u kojoj može da govori o ljubavi, o životu i smrti, o moralu i politici. Njen glas je često na emocionalnoj distanci od predmeta o kojima govori, često ironičan, a upravo ova dva postupka (distanca, u terminologiji visokog modernizma, impersonalnost, kao i ironija) omogućavaju „objektivan", kritički pristup svetu.

Pisanje je uvek određeno rodom. Da je ovakve ili slične stihove napisao pesnik, oni bi imali drugačije značenje. Pesnik bi pisao u jednom od mogućih žanrova koji su mu kao pesniku (muškarcu) „prirodno" dostupni. Činjenica da pesnikinja ispisuje ovakve stihove govori o tome da ona ulazi na „zabranjeni" teren, prisvaja diskurs koji joj kao ženi kulturološki nije lako dostupan, a odbacuje diskurs koji joj je kultura kao pesnikinji isključivo namenila. Odnos prema seksualnosti, možemo videti, na primer, u pesmi „Veština prevođenja":

> „Onomatopeja biljke mesožderke
> Može se prevesti na klap-klap
> Dizanje i spuštanje roletni
> Posle ljubavnog čina u letnje popodne
>
> U pauzi između mljac-mljac
> I neophodnog tipkanja na mašini

Jednoobraznog tipa Olivetti
S ove i s one strane Okeana.

Prašumski zvuci imaju svoj pandan
U podivljalom auspuhu (...)"

Pesnikinja pokazuje da žena može smatrati da je seks „vrsta gimnastike" i može iskazati ironičan odnos prema njemu. Konstrukcija stvarnosti i konstrukcija prikazivanja realnosti u književnosti dozvoljava da samo muškarac ima takav odnos prema ljubavi i seksu, dok se predstavlja da je žena uvek emocionalno vezana sa partnera i zato njena ljubav često biva izneverena. Uzimanje hrane se priziva onomatopejom „mljac-mljac" koja može zvučati infantilno, ili prizvati gurmansko uživanje u hrani, a nikako nema negativne konotacije. To je važno, jer stihove ispisuje pesnikinja. Ženska funkcija se u kulturi i društvu povezuje sa hranilačkom funkcijom. Vidimo da je pesnikinja ne odbacuje. Ona, međutim, ističe i važnost intelektualnog rada. Konstruisani ženski lirski subjekt se prema osnovnim činjenicama života (seks, jelo, intelektualni rad, svakodnevne banalne radnje), koje se u ovakvom narativno-ne-emocionalnom sklopu najčešće vezuju za muški lirski subjekt, odnosi racionalno i neemocionalno (tj. „muški"). Pesnikinja pripada beogradskoj pesničkoj sceni, kojom su takođe dominirali pesnici. Uz nekoliko istaknutih pesnikinja, beogradski pesnici su razvijali kritičku poeziju. Ta poezija se na različite načine bavila tada savremenom socijalističkom stvarnošću. Bila je urbana, bavila se aspektima društvene zbilje, koristila je ironiju, dvosmisleni jezik, simboličku strukturu, uz uverenje da je jezik proziran, da je sredstvo za iskazivanje činjenica o životu, ma kakva priroda tih činjenica bila. U opusu Ljiljane Đurđić ta paradigma se na specifičan način artikuliše.

Politički identitet pesnikinje pokazuje se eksplicitno u delu ove zbirke pod naslovom „Stvarni potop". Pesme su nastale u periodu kada u bivšoj Jugoslaviji počinju promene u smislu raspada jednog, i globalno propalog političkog koncepta, tj. u periodu raspada komunizma i kada u Istočnoj Evropi počinju da bujaju nacionalizmi. Pesnikinja počinje da gleda svet oko sebe i da se kritički odnosi prema njemu. Za razliku od većine pesnika (muškaraca) i pesnikinja (žena), koji su, bez obzira na svoje političko opredeljenje, u pesmama počeli da koriste i uzdižu nove društvene i duhovne vrednosti postkomunističke Srbije, Ljiljana Đurđić govori o aktuelnim političkim zbivanjima, s obzirom na rastući nacionalizam koji vodi u rat. Rat za pesnikinju znači ubijanje ljudi, a pesme plastično i sugestivno opisuju idelogiju na delu koja zahvata sve slojeve društva, zamenjujući staru komunističku ideologiju novom, nacionalističkom. Oblikuje se politički identitet snažnog pesničkog ženskog glasa koji kroz medij poezije izriče svoje negodovanje i nepristajanje na kolektivitet. Cilj opšte društvene ideologije je utapanje u kolektivitetu, ili kako pesnikinja kaže „nosim svoju zabludelu ovčicu u njeno stado". Pripadnost stadu znači prihvatanje istog kodeksa mišljenja, ponašanja, delanja, a to dovodi do, kako se pesnikinja u zadnjem stihu ove pesme izrazila, „vremena opšteg klanja".

Feministički pesnički projekt: Radmila Lazić

Veći deo zbirke pesama Radmile Lazić objavljene pod naslovom *Priče i druge pesme*, nastao je tokom devedesetih godina 20. veka. To je period koji se naziva postkomunističkim, u kojem se, u krvavom ratu, raspala bivša Jugoslavija. To je i period kada se pojavljuju feminističke grupe, povezane sa feminističkim i antiratnim aktivizmom, sa javnim istupanjima, nizom feminističkih i ženskih časopisa koji počinju da izlaze.

25

Radmila Lazić deluje u okviru časopisa *ProFemina* i njen pesnički diskurs, kao i diskurs mnogih drugih pesnikinja i prozaistkinja različitih generacija (pomenuću prozaistkinje Jasminu Tešanović i Dušicu Pavkov, pesnikinje Jelenu Marinkov, Jasnu Manjulov i Danicu Vukićević) počinje da proizlazi direktno ili iz feminističke aktivnosti ili iz feminističkih teorija. Mnoge pesme u ovoj zbirci kao da imaju za cilj da pokažu sliku žene kako je ona društveno, kulturološki i emocionalno konstituisana. Pesnikinja se bavi sudbinama žena. Slike su tipične: žena je prikazana kao mučenica, paćenica, seksualni objekt. Kao da je cilj pesnikinje da muškim i ženskim glasovima doprinese podizanju svesti, pre svega ženske čitalačke populacije. Naslov može da zbuni, jer pesnikinja postavlja žanrovsku karakteristiku koju označavamo terminom „priče", a termin upućuje na prozu kao književni žanr, ali mu odmah suprotstavlja sintagmu „i druge pesme". „Priče" ukazuju na izrazito narativne intencije autorke. Posredstvom glasova koji izgovaraju ove priče-pesme, ona govori o sudbinama junakinja, a elementi tih sudbina kao da su fragmenti uzeti iz realističkih ili naturalističkih romana. Književna ideologija Radmile Lazić ukazuje da je za nju jezik prozirni medij koji ukazuje na stvarnost izvan jezika, za razliku od poezije Judite Šalgo, a samo delimično blisko razmatranim pesmama Ljiljane Đurđić. Ali ona izgrađuje poseban stil. Pesme izgovorene u masivnom, neo-neoklasicističkom stilu izgovara muškarac. Žena se tu javlja kao objekt muškarčeve želje, kao zavisna osoba zanimljiva samo kao seksualni objekt. Ženski glas je glas buntovnice, koja ne pristaje na ulogu koja joj je društvom namenjena i drastičnim rečima oslikava sve što ne želi da bude, a na šta većina žena pristaje. Pesnikinja je i stilom markirala društvenu ulogu muškarca, okarakterisnu kao konzervativna i sputavajuća, ugnjetačka u odnosu na ženu. Glas žene se najčešće pojavljuje u slobodnom stihu i zvuči savremeno. Slobodni stih markira progresivnu snagu, koja se nesputano odnosi prema sadašnjosti i mogućnosti njenog transformisanja. Pesnikinja obuhvata veliki raspon tema, od odnosa prema istoriji, društvu, sadašnjosti, pa do intimnih tema koje zaokupljaju pojedinca. Kao da duhovna i materijalna katastrofa u kontekstu koje većina ovih pesama nastaje (ratovi u bivšoj Jugoslaviji), uslovljava da pesme odišu dubokom nostalgijom, setom, kao da je nešto izgubljeno, za čim glasovi ove poezije žale. Ova karakteristika se može tumačiti i kao značajan upliv dominantne postmoderne poezije koja se u Srbiji, kako su to kritičari i pesnici opisali, odlikuje melanholijom. U središtu interesovanja pesnikinje su žene, često u srednjim godinama, koje se suočavaju sa životnim problemima. U ogoljenom vidu pokazuje se ispoljavanje straha i mržnje prema starim ženama, koje više nisu interesantne kao seksualni objekti, ali njihovo postojanje izaziva podozrenje zajednice, izazivajući iskonske mizogine osećaje i strahove. Pesme su pisane u maniru ispovedne poezije, da bi delovale neposredno na čitaoca i čitateljku. Pesnikinja kao da želi da probleme, sa kojima se suočavaju žene različitih generacija, uobliči u svima prepoznatljiv pesnički diskurs ili naraciju, kako bi delovala na čitateljku i čitaoca i pomogla mu/joj da postane svestan ili svesna svoje situacije. Dinamika savremenog života ostavlja ženi mogućnost da bira da li će biti sama, da li će postati svojina muža-tiranina, da li će se opredeliti za bračnu zajednicu, za decu, itd. Ali s obzirom na kontekst u kojem pesme nastaju (rat, siromaštvo, bespomoćnost, neizvesnost), kao da ti problemi imaju posebnu težinu, i kao da sva moguća razrešenja koja se nagoveštavaju, podjednako vode samoći, patnji i besmislu.

U pesmi „Fotografija", glas muškarca izgovara stihove:

> „Nešto te je donelo pred mene
> I bacilo tu na sto,
> Kao jarebicu.
> Ležala si preda mnom

Ustreljena kamerom.
Zaustavljena u vremenu.
U venjenju.
Osujećena u disanju.
U pokretu."

Poređenjima, metaforama i simbolima pesnikinja opisuje kako muškarac doživljava ženu. On je vidi kao jarebicu, čiji je život određen time da će biti ulovljena. Verovatno brak predstavlja kraj njene slobode ili njen život tada prestaje. Kao da kamera služi da ženi oduzme pravo na život, ona umire, a to znači da njena mladost i lepota prolaze i da od trenutka kada je „ustreljena", počinje njeno venjenje. Mladost prolazi, ostaje setno sećanje na lepotu i kao da gubljenjem lepote i mladosti prestaje smisao njenog postojanja. Zatim muški glas opisuje ženu kao objekt svoje seksualne žudnje, on se seća njene lepote i svog seksualnog uzbuđenja i žali nad gubitkom te lepote, žali nad njenim mrtvim (ili starim) telom. Žena je biće čiju sudbinu određuje njena društvena pozicija, ali u svakoj fazi života postoje specifičnosti. Žena je ljubavnica ili preljubnica, mlađa i starija žena postaju rivalke, seksualnost je uvek u središtu pažnje. U pesmi „Žensko pismo" ženski glas se buni:

„Neću da budem poslušna i krotka.
Mazna kao mačka. Privržena kao pseto.
Sa stomakom do zuba, sa rukama u testu,
Sa licem od brašna, sa srcem-ugljenom,
I njegovom rukom na mojoj zadnjici."

U pesmi „Majka" ženski glas govori o svojoj poziciji slobodne žene, koja je želela samo ljubavne, ali ne i bračne veze, koja nije želela decu, govori sa tugom o svojoj sudbini usamljene žene. Kao da ove pesme kontrapunktiraju jedna drugoj i govore o tome da izbor nije lak ni jednostavan i da je situacija žene u svakom slučaju nezavidna.

Ženski pesnički glas i ovde je politički i to u dva smisla. Pesnikinja razotkriva slike žena kako se one javljaju u književnosti, koja tada postaje konstitutivna u procesu oblikovanja političke svesti ljudi. Koristeći se fragmentima diskursa klasične i realističke književnosti, ona pokazuje modele na kojima društvo uči svoje članove vrednostima kojih se treba pridržavati u životu. Kada se oni pokažu u drastičnim, ironičnim, sarkastičnim i naturalističkim formama, mogu služiti za razotkrivanje perfidnih mehanizama kojima društvo reguliše odnose moći. Ova poezija je politična i u smislu komentara na račun aktuelnog konteksta u okviru kojeg nastaje. Ta politika je nedvosmisleno antiratna i pokazuje posledice destrukcije, krvoprolića, ekonomske i duhovne katastrofe.

> *„Mnogi su naši najdraži nestali*
> Pod zemlju il' u druge zemlje.
> šta ja tražim ovde -
> Zaboravljen od ljudi
> Zanemaren od države.“

> (pesma „Tautologija")

Pesnikinja kroz glas govornika (muški lirski subjekt) iskazuje nešto što se može protumačiti kao lično iskustvo: zbirka je posvećena njenim bliskim, umrlim prijateljima. Ali to je i iskustvo svih nas koji živimo na ovim ex-jugoslovenskim prostorima. Ti gubici (smrt ili iseljenje) imaju drugačiji predznak u mirnodopskim periodima, a njihovo iskustvo je u periodima velikih društvenih kataklizmi, u kojima se živi sa smrću i potpunom neizvesnošću, drastičnije. Globalna katastrofa geopolitičkog prostora na kojem živimo, prelama se kroz iskustvo potpune ugroženosti, bespomoćnosti, beznadežnosti pojedinaca.

*

Moja analiza poezije tri pesnikinje pokazuje da se karakteristike poetskog diskursa oblikuju u konkretnom društvenom prostoru i da se mogu i moraju protumačiti u odnosu na dominantne ili marginalne diskurse prema kojima se postavljaju. Parametri koje sam uzela u obzir, bili su aspekti šire društvene i političke formacije u okviru koje su se ovi pesnički diskursi javili (zanimalo me je kako globalne ideološke odrednice: samoupravni socijalizam /sedamdesete godine/, propadanje komunizma-socijalizma kao društvenog projekta /kraj osamdesetih i početak devedesetih/, postkomunizam /devedesete godine 20. veka/) utiču na konstituisanje jednog pesničkog diskursa. Zatim, poetički kontekst iz kojeg ti diskursi proizlaze (novosadska ili beogradska pesnička scena, tj. postavangardne poetike ili poetike koje nasleđuju modenizam); itd. U okviru ovih odrednica istražila sam rodne identitete, tj. zanimalo me je kako su se pesnikinje određivale prema pesničkim formacijama u okviru kojih su delovale, ali uvek kao manjinska, a samim tim i marginalna grupacija.

Napomena: Tekst je napisan u proleće 1998, a izložen je na skupu „The OSI Network — Inaugural Conference: Women's Study in Transition" održanom u Beogradu u organizaciji beogradskog Centra za ženske studije septembra 1998. Objavljeno u *ProFemini* br. 21/22, proleće/leto 2000.

APOTEOZA ŽENSKOG: GINOKRITIČKO
ČITANJE POEZIJE JELENE LENGOLD

I

Pisanje poezije je kreativan čin. Od jezičkog materijala, od kodova književnosti, kulture, tradicije, savremenosti i ideologije, pesnici i pesnikinje stvaraju nove svetove u jeziku. I kritika je kreativan čin. Kao što postoji mnoštvo mogućnosti da se uobliči jedna pesma, tako postoji i mnoštvo mogućnosti na raspolaganju kritičarki i kritičaru kada žele da interpretiraju neki tekst. Nijedna interpretacija ne daje konačna značenja pesničkom tekstu. Što ima više pesničkih modela na sceni, i što ima više interpretativnih modela na sceni, kultura je bogatija.

Jedan specifičan pesnički opus, poeziju beogradske pesnikinje Jelene Lengold, tumačiću iz specifičnog kritičarskog pristupa — ginokritike. Namera mi je da opišem kako je njena poezija strukturirana i koja značenja se mogu iščitati iz načina tog strukturiranja. Poezija nastaje u društvenom kontekstu, koji joj određuje značenja. Naznačiću taj kontekst (kraj sedamdesetih i osamdesete u bivšoj Jugoslaviji), jer mi se to čini značajno, pošto se sistem vrednosti kulture i društva od tada u potpunosti promenio.

II

Generacije pesnika i pesnikinja sa početka osamdesetih godina oblikovale su poetike na fonu dve dominantne ten-

31

dencije u tadašnjoj Jugoslaviji sedamdesetih godina. Jedna tendencija je težila da opiše urbane pejzaže svakodnevice i kritički se odnosila prema socijalističkoj samoupravnoj stvarnosti. Drugi pol su činili pesnici koji su stvarnost uklanjali iz svoje poezije i usredsređivali se na sam jezik kao sistem znakova. Za pesnike i pesnikinje čije se prve knjige pojavljuju krajem sedamdesetih i tokom osamdesetih godina ove dve poetike su prisutne kao podrazumevano, „prirodno", poetsko okruženje.

Ako bi se analizirale pozicije pesnika i pesnikinja, uvideli bismo da mnoge pesnikinje, a među njima i Jelena Lengold, stvaraju poeziju u kojoj se artikuliše specifični ženski pogled na svet. S druge strane, pesnici, kao što je, na primer, Miloš Komadina, u pesmama artikulišu muški pogled na svet. I mada je poezija velikog broja autora i autorki sedamdesetih i osamdesetih godina težila univerzalnim značenjima i, kada su u pitanju rodni identiteti, univerzalnim modelima ženskosti i muškosti, moguće je pesmama dati određenije kontekstualno značenje. Njihov kontekst je samoupravni socijalizam bivše Jugoslavije koji je dozvoljavao da pojedinci imaju osećaj da je svet dostupan i da je razmena sa 'drugim' moguća. Zato u mnogim pesmama Jelene Lengold, kao i u pesmama pesnikinja i pesnika njene generacije, nastalim u periodu o kojem je reč, osećamo dinamičnu poziciju kretanja kroz prostor. Iskustvo koje su ti pesnici i pesnikinje imali bilo je iskustvo putovanja i bivanja u različitim kulturama. U poeziji pesnika i pesnikinja sedamdesetih i osamdesetih godina dejstvuje nekoliko važnih činilaca. Iskustvo života u socijalističkoj samoupravnoj Jugoslaviji, čiji su mehanizmi moći i kontrole skriveni, i do izvesne mere su dopuštali relativnu slobodu u pogledu života i rada. Jugoslavija je bila konstituisana kao višenacionalna zajednica, te nije postojala samo jedna kultura ili samo jedna pesnička scena. Kulturne sredine bivše Jugoslavije nisu bile zatvorene i među njima je dolazilo do razmene i do međusobnog uticaja. Čitanje pesnika iz celog sveta bilo je povezano i sa mogućnostima putovanja na Zapad i na Istok, što je pružalo neposredan uvid u druge kulture i neposrednu razmenu sa njima.

III

Poeziju Jelene Lengold ću tumačiti u svetlosti osećanja da je njena poezija izrazito senzibilna i predstavlja ženski pogled na svet. Čak i naslovima prve tri zbirke, *Raspad botanike* (1982), *Vreteno* (1984), *Podneblje maka* (1986), ona ukazuje na dominantnu problematiku svoje poezije. Po rečničkoj definiciji botanika je „nauka o biljnom svetu, o biljkama i rastinju" (Vujaklija). Feminističke analize su pokazale da u patrijarhalnim društvima uspostavljenoj dihotomiji priroda-kultura, odgovara dihotomija žensko-muško. Kao u svim dihotomijama logocentričke zapadne kulture smatra se da je jedan element dihotomije važniji i vredniji u odnosu na drugi. U tom smislu, patrijarhalno društvo pozitivno vrednuje „muško" (kulturu), a negativno se odnosi prema „ženskom" (prirodi). Jelena Lengold se bavi onim ženskim, koje se poistovećuje sa silama prirode, ali ta je priroda, kako je kultura definiše u vremenu kada pesnikinja živi, u raspadu. Sintagma „raspad botanike", mogla bi se tumačiti kao raspad jednog pogleda na svet koji na tradicionalan način smešta ženu u svet i u društvo. Kada budem analizirala pesme i sistem koji one uspostavljaju, biće jasno da se pesnikinja bavi transformacijama ženskosti. Naslov druge knjige, *Vreteno*, takođe upućuje na sferu ženskosti. *Rječnik simbola* definiše „vreteno" na ovaj način: „Vreteno se okreće jednoličnim kretanjem i dovodi do okretanja kozmičke cjeline. Ono ukazuje na neku vrstu automatizma u planetarnom sistemu: zakon vječnog povratka. Po tome je blisko lunarnom simbolizmu. (...) Taj simbol pokazuje neumitnost sudbine. (...) Vreteno Parki, koje je i njihov atribut, simbolizira smrt". Naslov treće zbirke je *Podneblje maka*. U *Rječniku simbola* čitamo da se u eleuzinskom simbolizmu mak daje Demetri i „simbolizira zemlju, ali predstavlja i snagu sna i zaborava koji obuzima ljude nakon smrti i prije preporoda." Zemlja se u zapadnim kulturama poistovećuje sa ženskim principom koji podrazumeva pasivnost, podatnost, tajanstvenost, iracionalnost, plodnost. Odmah postaje jasno da je u središtu ove poezije ženskost u njenim različitim pojavnostima i preobražajima.

Pesme Jelene Lengold izgovara lirski subjekt ženskog roda u prvom licu jednine. Ali, moram da naglasim činjenicu, koja se podrazumeva, ali ponekad i previđa, kada je u pitanju proučavanje književnosti, da se lirski ženski subjekt ne sme izjednačiti sa autorkom. Autorka barata jezičkim i društvenim konvencijama i u svojoj poeziji stvara sliku žene gustim tkanjem simbola i aluzija. Upotrebljavam sintagmu „ženski lirski subjekt" da bih istakla da nema univerzalnog lirskog subjekta. Ženski glas koji u prvom licu izgovara reči neke pesme drugačije je pozicioniran od muškog glasa koji izgovara reči neke druge pesme. Ti glasovi zastupaju različite društvene vrednosti i različite poglede na svet. Napomenula bih da u opusu beogradskog pesnika Milana Đorđevića nailazimo na pesme u kojima glas muškog lirskog subjekta govori o muškoj seksualnosti i odnosu prema ženi. Neka buduća istraživanja pokazaće u opusima naših autora i autorki sličnosti i razlike pozicioniranja muškog i ženskog lirskog subjekta i njihov odnos prema muškoj i ženskoj seksualnosti.

IV

U prvoj zbirci Jelene Lengold, *Raspad botanike*, u prvom ciklusu pesama objedinjenom naslovom: „O časti i savršenosti", ženski lirski subjekt govori o unutrašnjim svetovima svog bića. Spoljašnji svet moralnosti i društvene uklopljenosti nameće se kada žena bira između suprotnih mogućnosti: postati ideal ili slediti svoje jastvo i odupirati se nametnutim normama. Položaj žene određen je sukobom između socijalizacije (prihvatanje unapred određene uloge roda kako je društvo definiše) i onog ličnog, oslobođenog ljudskog. Ženski lirski subjekt pokazuje da je nužno odupiranje i neprihvatanje zadate uloge. U pesmi „Metamorfoze" ženski lirski subjekt govori o sebi i o metamorfozi postojanja. Žena govori i aktivna je. Govoriti za ženu znači isto što i ponovo se roditi. Žena se kroz govor ponovo rađa i postaje proizvođačica sopstvenog smisla. Ipak, jedna od ovih pesama odaje i nesigurnost te nove ženske uloge koju naratorka (lirski subjekt koji izgovara tekst) uči, jer izražava potrebu da je „tvorac prepozna".

U „Elementarnim pesmama" pesnikinja se bavi položajem Čoveka, zatim i položajem Žene, beskrajnim prostorima, metaforama života, rađanja, smrti, smisla i besmisla. Ukazuje se na metafiziku bivstvovanja između večnosti i prolaznosti, na smisao i besmisao postojanja. Poezija Jelene Lengold proizlazi iz humanističkog pogleda na svet, gde se podrazumeva da su svojstva žena i muškaraca univerzalna i da otelotvoruju večnu prirodu Čoveka. Ipak, budući da ovu poeziju ispisuje autorka (aktivna žena), ona teži da to „večno žensko", taj ženski princip, ženskost definisanu kulturom, transformiše. Dolazi do mešanja i sadejstava između arhetipskih univerzalnih simbola i tangenti koje teže da značenje simbola destabilizuju ili transformišu. U ovoj poeziji biljni svet i njegove manifestacije postaju metafora za „njena" osećanja i za „njihove" odnose. Osećanje ljubavi je u središtu samog smisla. Žena se izjednačava sa manifestacijama moćne, tajanstvene, nepredvidive prirode. Žena je pasivna: čeka na ispunjenje svoje žudnje, na njegovu ljubav. Ipak, priroda je ovde tajanstvena i pasivna, ali je i iznenadna emancipatorska snaga. Priroda dobija pozitivne konotacije, jer se značenje simbola transformiše. Kada pesnikinja koristi bujne rečničke fraze koje označavaju prirodu, ukazuje na bujnost jezika. Bujnost i erotika žene je izjednačena sa bujnošću i erotikom prirode, a bogatstvo jezika i simbola upućuje na bujnost jezika. Bujnost jezika i erotska tematika u potkontekstu podsećaju na biblijsku „Pesmu nad pesmama". Položaj žene je dvosmislen: ona teži da se poništi, predajući se svojoj ljubavi, ali se i bori sa svojom željom, muškarčevom željom i njegovim odbacivanjem. Uvek kada je u poeziji u pitanju ženska žudnja i kada muškarac odbacuje ženu, i kada se žena u potpunosti predaje svojoj ljubavi, do poništenja sebe, u pitanju je preuzimanje tradicionale ženske uloge.

U zbirci *Vreteno* pesme nas vode ka metafori svetlosti (muški princip). Ipak, i ovog puta je u središtu pažnje istraživanje ženskosti, ali, „tamne strane" ženskosti su potisnute u drugi plan. Simboli su još više otrgnuti iz svog narativnog mitološkog konteksta, ali na njega sekundarno upućuju utopljeni u osećanje savremenosti.

U ciklusu „Darovi" ženskost je prikazana suprotstavljenim kvalitetima. Binarni pristup je karakterističan za postupak pesnikinje. U prvoj pesmi nailazimo na sintagmu „strahovito promenljivi mesec". Mesec simbolizuje ženski princip, periodičnost i obnovu, preobražaj i rast. Taj mesec je „povremeno posut neobjašnjivim perjem." Perje je takođe povezano sa simbolizmom meseca i predstavlja rast bilja, ali je i simbol moći. U drugoj pesmi upućuje se na žensku utrobu i na krvarenje (menstrualni ciklus), i dalje na žensku reproduktivnu moć. Na primer, u stihovima: „I to što i ne znajući dotiče u mraku: / svu pšenicu koja mi raste u bokovima", pšenica je simbol hrane ali je i hrana besmrtnosti. Imenovani materijali, glina i smola, nemaju čvrstinu i mogu se protumačiti kao metafora ženske sudbine, ali njima je pridodat jantar koji simbolizuje sunčevu, duhovnu i božansku privlačnost. U četvrtoj pesmi nailazimo na dihotomije:

nežnost —— jantar
raspadanje —— tvrdoća
voda —— toranj
devojčica —— mračne stvari

Ovi suprotstavljeni simboli oblikuju tu novu, izmenjenu, ženskost.

U ciklusu „Istinite reči" vidimo kako žena doživljava svoju seksualnost i seksualnost svog partnera, kako se odnosi prema slikama žena popularne kulture. U prvoj pesmi za „nju" su spermatozoidi „zalutala naša deca / nasukana dave se na mirisu štirka". U trećoj pesmi „on" prelistava časopis sa nagim ženama, a „ona" pomišlja da nikada neće imati nabubrele bradavice kao naga devojka na fotografiji časopisa. Pubertetska mitologija seksualnosti iskazana je rečenicom: „Ali jedno je sigurno: / nikad ne čitam novine / posle seksa. / To vam se sa mnom ne može dogoditi." U ciklusu po kojem je knjiga dobila ime („Vreteno") nalazi se pesma „Biografija". U njoj naratorka ukazuje na konačni rascep, jer između „nje" i „voljenog" je nepremostiva razlika. „Ona" je svoja, a „on" je lovac na maglu.

Ženski lirski subjekt u pesmama Jelene Lengold doživljava sebe kao objekt muške žudnje, ali isto tako ženski glas autoerotski uživa u prikazivanju ženske seksualnosti. Žena više nije samo pasivna, ona je i pasivna i aktivna. Ženskost se oblikuje palimpsestnim naslojavanjem elemenata iz paganskih, hrišćanskih, klasicističkih i modernih urbanih mitova ženskosti, u finim naslagama figura, značenja, osobina i simbola. Palimpsesti Jelene Lengold oblikuju se zahvaljujući ženskom autorskom glasu, te ne iznenađuje da i ženski lirski subjekt postaje aktivan.

I u pesmama zbirke *Podneblje maka* ženski lirski subjekt je obuzet svojom seksualnošću i obraća se voljenom muškarcu. Muškarac je objekt ženske žudnje (preokrenute su uloge, žena više nije isključivi objekt muškarčeve žudnje). Ženski subjekt u pesmi opisuje svoja erotska zadovoljstva, a naratorka uživa u atributima sopstvene seksualnosti. Ti atributi postaju povod da se slavi ženska plodnost i bujnost. Spoljašnji svet postaje metafora za dešavanja unutar bića, ali se pažnja sada pomera na urbani ambijent. Prikazuje se žena u ambijentu grada. Fascinacija gradom praćena je dubokim osećanjem usamljenosti, koje je konstanta konstituisana u okviru moderniteta. Zanimljiva je pesma „Nas tri" u kojoj se pokazuju tri generacije žena u porodoci: baka, majka i kćerka i njihovi odnosi prema „njihovim" muškarcima. Na kraju pesme svakoj se dodeljuje po jedan simbol. Naratorkinoj majci „koprena od tila", baki „srebrni naprstak" sa tavana, dok naratorka beži u krevet bogatog samrtnog ulova i sanja da ima „malenu, bolesnu kćer". U slučaju bake, naprstak upućuje na usredsređenost na ručni rad, a to znači da je pogled žene ograničen na neposredno okruženje doma. U slučaju majke, koprena ograničava, ali i dopušta ženskom pogledu da luta. Ćerka je okrenuta samrtnom ulovu, a to znači mogućnost kretanja i sticanja različitih životnih iskustava i razvijanje imaginacije. U poslednjem delu knjige *Podneblje maka* u pesmi „Dete Strah" naratorka opisuje kako „on" želi da mu „ona" rodi sina. Pobuna žene iskazana je poslednjim stihovima: „Kad ti rodim sina, govorio si, / biće vas dvoje svilenih i malih. / Kad ti rodim sina, pomislih ja, / nećeš ni znati da sam davno mrtva." Naratorka izražava pobunu protiv toga što je patrijarhalna kultura identifikuje sa detetom, smatrajući je infantilnom. Buni se i protiv toga da se rođenjem sina smisao njene uloge u patrijarhalnom društvu ispunjava, a to za nju kao živo biće znači smrt. Malo dalje nalazi se pesma „Školjke". U njoj su jedna naspram druge postavljene žena (lirski subjekt koji izgovara pesmu) i ženski simbol, školjka. Naratorka predstavlja aktivni ženski princip, savremenu aktivnu devojku. Školjka je, nasuprot tome, pasivni ženski princip, i „ona" mu se opire. U

Rječniku simbola čitamo: „Budući da školjka nastaje u vodi, srodna je simbolizmu *plodnosti* koji je vodi svojstven. Oblikom i dubinom podsjeća na ženski spolni organ. U školjki se ponekad nađe i biser, što je možda potaklo legendu o Afroditinom rođenju iz školjke. Ujedno je to potvrda erotičkog značenja simbola." Odmah na početku pesme naratorka izjavljuje: „Ne volim školjke." Zatim objašnjava zato ih ne voli. Između ostalog kaže: „ima nečeg u njihovoj tupavoj zatvorenosti". Školjka je nema (a u patrijarhalnoj kulturi, žena je nema), naratorka primećuje da školjka „ne govori niti jedan jezik" i „na dlanu gluvo leži kada vičem na nju". Ta pasivnost u naratorki izaziva želju da je slomije, ali je na kraju vraća neokrnjenu u more.

U zbirci *Prolazak anđela* iz 1989. godine, Jelena Lengold istražuje savremenost kroz mitološke figure. Savremenosti se ne pristupa neposredno. Jelena Lengold ističe da je za nju tada bio važan pojam atavizam. Ona ga u nedavnom razgovoru sa mnom definiše kao znanje predaka. Ovde je važna napomena da je sedamdesetih i osamdesetih godina u proučavanju književnosti na tadašnjem srpskohrvatskom govornom području dominantan bio uticaj T. S. Eliota i anglosaksonske nove kritike. U tom kontekstu, važni su bili pojmovi tradicije i naših (evropskih) predaka. U eseju „Jedinstvo evropske kulture" T. S. Eliot je govorio da se jedinstvo evropske kulture zasniva na zajedničkoj hrišćanskoj tradiciji i na starim civilizacijama Grčke, Rima i Izraela. Pojam predaka se u doba postkomunizma u devedesetim promenio i dobio je uže značenje u proizvodima kulture našeg geopolitičkog prostora i taj se fenomen mora tek istražiti.

U zbirci *Prolazak anđela* postoji privid sadašnjosti i postoje dublji, suštinski uvidi u smisao. Paralelizam prošlost-sadašnjost utemeljena je u poetikama modernizma. Uspostavljanje značenjske ose sadašnjost-prošlost istražuje se uvođenjem figura kao što su: Lilit, Selena, Arijadna, Demon, Anđeo, Lucifer, itd. *Prolazak anđela* nagoveštava transformaciju poezije Jelene Lengold. Ipak, koristeći imena mitoloških figura pesnikinja kao da pita: „Ko je savremena žena?". Dobijamo različite odgovore. U pesmi „Lilit" nam se poručuje da savremena žena nije ono što izgleda da jeste. Pesma opisuje ženu u kontekstu estetizovane svakodnevice: prikazana je slika društveno poželjne savremene žena (odevena u plavo, smeši se, dobro je raspoložena, cvet u dekolteu pridržava dojkama, privlačna je, njene kretnje su odmerene i tihe, ona je u svakoj situaciji poželjna ikona). Na kraju pesme dolazi do zaokreta kada narator, ili naratorka, otkriva da je ova žena zapravo Lilit. Prema kabalističkoj predaji Lilit je ime žene stvorene pre Eve, kada i Adam, ne od muškog rebra, već izravno od zemlje. Postoji i ovo tumačenje: „Kao žena koja je odbačena ili napuštena u korist druge žene, Lilit predočuje mržnju prema obitelji, bračnim parovima i djeci..." U ovom kontrapunktu pesnikinja pokazuje da svet nije onakav kakav se nama čini, već ima dublja, skrivena značenja. Ona bira mitološku figuru povezanu sa emancipatorskim tumačenjem ženskosti. U sledećoj pesmi pod naslovom „Passion" razotkriva se divlja, neobuzdana i nepokorna ženska priroda, a daje se u liku mačke koju „on" (muškarac) zatvara u lift: „On sluša: mačka u liftu, već luda, / glavom se zaleće u staklo / kandžom raspara sebi kožu besna zver". U drugom kontekstu u pesmi nastaloj krajem osamdesetih, „Kotrljanje mesečine", iz zbirke *Lažno predstavljanje* objavljene 1996, novosadska pesnikinja Jasna Manjulov pokazuje bes žene stihovima: „U vrtu i povrtnjaku / u džinovskom kupusištu / ja berem lale. U stvari, počinjem da ih kidam // Da ih čupam, potom, zajedno sa lukovicama." U ovim stihovima naratorka je smeštena u vrt, koji je idilična slika ukroćene prirode. Ženski subjekt je u vrtu i nasuprot očekivanju da se poistoveti sa prirodom (vrtom), opire se slici koju joj društvo nameće i počinje da uništava divan vrt.

Vraćam se poeziji Jelene Lengold. U „Mrtvorođenoj pesmi" ona pravi lanac analogija: porođaj —> pesma —> žena. Stvaralački čin se poistovećuje sa ženskom biološkom reproduktivnom funkcijom. Tokom 18. i 19. veka umetnici i kritičari su stvaralački čin često metaforično poistovećivali sa ženskom reproduktivnom funkcijom. Ali, ženska reproduktivna moć se poistovećivala sa životinjskim i biljnim svetom (onim što pripada nesvesnoj prirodi). Zato je ta moć niže vrste, dok se umetničko stvaralaštvo poistovećivalo sa duhovnim stvaralaštvom i kao takvo je bilo bliže bogu, u uzvišenoj stvaralačkoj aktivnosti muškaraca, izvan telesnih i bioloških funkcija. Pesma počinje stihovima: „Teška, neuobličena, nalik bremenitoj gospođi, / pesma je u vazduhu./ Disanje napeto, kratko, kao u strahu. / To se čeka. / To se panično čeka. / Da vrisne. / Da pukne." Za razliku od ranijih tumačenja procesa umetničkog stvaranja, pesnikinja sada stavlja znak jednakosti između porođaja kao biološkog čina donošenja na svet novog ljudskog bića i stvaranja nove pesme. Oba čina postaju podjednako telesna i zasnovana na biološkim funkcijama čoveka. Zanimljivo je da je Jasna Manjulov u pesmi napisanoj početkom osamdesetih, „Kuhinjski traktatus", iz knjige *Lažno predstavljanje*, stvaranje poezije povezala sa procesom kuvanja. Lanac asocijacija koji Jasna Manjulov gradi može se povezati sa aspektima ženskosti: „Poezija korača, puzi, trči / Preskače, rinta, znoji se, greši / Ne spava, umorna je, razdražena / Utučena, žalosna, obespravljena, curi / Obeshrabrena, krvari, neuravnotežena, ubija se / (...) Odvratno, povraća mi se! Fuj! živela poezija."

Još jedna pesma u zbirci Jelene Legold se bavi statusom pesnikinje i njenog odnosa prema poeziji i društvenim statusom pesnikinje. Ženski lirski subjekt izražava sumnju u mogućnost statusa pesnikinje kao javne ličnosti na kulturnoj sceni društva u kojem živi i stvara. Na početku pesme „ona" izjavljuje: „Poezija je otišla i sada sam posve sama. / Kao da

41

sam oduvek bila samo to: / sandala, lokna, plava haljina, / kao da nikada nisam vikala: Pravda! Sloboda! / kao da mene nije bilo u ceremoniji javnog poljupca!" Na suptilni način je izrečena osuda kulture koja ne može da prihvati pesnikinju kao relevantnu autorku, već samo kao privlačnu ženu.

Sledeća zbirka, *Sličice iz života kapelmajstora*, objavljena 1991. godine, znatno se razlikuje od ranijih zbirki. Ipak, u njoj se razvija, transformiše i dovršava osnovna problematika prethodnih zbirki. Pesnikinja sada uvodi pseudo-naraciju, tj. elemente fabule. Poetski, ili pre lirski žanr se transformiše i destabilizuje, što je tipično u epohi postmoderne. Kada narator izgovara pesmu u trećem licu prepoznajemo elemente koji karakterišu sveznajućeg pripovedača. Njegova funkcija se ispoljava u uvođenju fragmenata naracije, koji ukazuju na moguću radnju i vezivni su elementi (povezuju fragmente naracije). Za razliku od prethodnih zbirki, ovde su glavni junaci najčešće muški likovi koji govore o svom iskustvu sveta i odnosu prema ženi. U skladu sa tim je promenjena i upotreba lica. U ranijoj lirici pesmu izgovara prvo lice jednine ženskog roda, a upućena je voljenom muškarcu. Time pesnikinja potvrđuje definiciju žanra lirike, koja govori o ličnim osećanjima lirskog subjekta (ili naratorke, kako sam je u ovom tekstu ponekad zvala). Ženski lirski subjekt govori o ličnim osećanjima, koja transcendiraju jedinku i postaju univerzalno važeća. U ovoj zbirci događa se suprotno: narator nije lirski subjekt, tj. lirski glas, on ima obeležje naratora ili lika, karakterističnog za prozu kao žanr. On je definisan muškim rodom. Ova upotreba elemenata sveznajućeg pripovedača ili junaka koji pripoveda u prvom licu jednine muškog roda znači odustajanje od lirike kao žanra, odustajanje od ljubavi kao osnovne teme, gde se ženski lirski subjekt bavi odnosom prema bližnjima (ljubavniku, ocu, majci, dedi, prijateljici, itd).

Priča počinje u davno doba kada su slavljene martovske ide, posvećene Junoni, boginji plodnosti. Narator nam kaže da su tada ljudi u strahu osnovali prvo bratstvo. Zatim ženski glas govori o lepoti žene i o nestanku lepote. Ona kaže da sada može ponuditi „lepotu istorije". Negativni odnos muškog prema ženskom pokazuje se u slikama pesme pod naslovom „Svoj odnos prema ogledalima kapelmajstor nikada do tada nije uspeo da shvati": „Zašto <je> jedne noći poderao knjigu Virdžinije Vulf / I potom dugo spaljivao beskrajne papiriće / zašto <je> odbio da vodi ljubav sa ženom koja je čitala Kanta / Zašto se plašio te iste kada bi se / naoružala crvenom koralnom ogrlicom". Simboli ženskosti, „Virdžinija Vulf" i „žena koja čita Kanta", neovlašćeno prelaze granice koje im je društvo nametnulo i to izaziva negativnu reakciju junaka. Borba između ženskog i muškog opisana je i u stihovima pesme „Kapelmajstor se ponovo utapa u mesečinu i misli u fragmentima": „Ponovo sam okrugla i potpuna, došaptava mi Luna. Potpuna onako kako ti nikada nećeš biti. Da, odgovaram, ali knjige kažu da si zapravo hladna. Ničeg u tebi nema osim zastrašujućih senki. Senke su moji velovi, izaziva Luna. Ispod njih sam naga."

Ova zbirka odiše nostalgijom prošlih vremena, koja isijavaju iz narativnih krhotina priča. Velika je uloga ironije kao elementa koji dovodi u sumnju kodove žanra, naracije, identiteta junaka, istorijskih, mitoloških i izmišljenih figura koje su postavljene jedna pored druge. Potiču iz paganskih vremena, srednjeg veka, renesanse, klasicizma, epohe moderne, itd. Knjiga je uokvirena prologom kojim ova pseudo-naracija započinje i epilogom. „Epilog" označava i kraj perioda bavljenja poezijom Jelene Lengold. Rekla bih da nam pesnikinja ovde poručuje kako se, u muškoj kulturi samoupravnog socijalizma, ali i u svakoj kulturi gde dominiraju muški stvaralački i kritičarski glasovi, ženski stvaralački glas potiskuje i zanemaruje. Taj glas ne odgovara muški definisanim kanonima, u kojima se negativno ocenjuje sve što je drugačije, u ovom slučaju previše „žensko". Čini se da se ta ženska stvaralačka energija nama obraća rečima: „Bilo je to nešto kao osećanje na opominjući san / stajalo je naglavce / i strasno je želelo da ga zatvori u krug. / Nije više zveckalo, nije bacalo senke / jedna strana toga još malo se protegla ka drugoj / (nebo je naravno tmurno, magla, magla) / i onda se zatvorilo." U opusu Jelene Lengold ove reči su označile prestanak pisanja poezije i okretanje prozi, koja se u našoj kulturi, rekla bih, apriorno određuje kao „muški" žanr. Ipak, novim generacijama naših budućih feminističkih i gino-kritičarki poezija Jelene Lengold biće nezaobilazna u redefinisanom kanonu poezije.

Literatura:

1. Jelena Lengold, zbirke pesama: *Raspad botanike*, Književna omladina Srbije, Beograd, 1982; *Vreteno*, Nolit, Beograd, 1984; *Podneblje maka*, Nolit, Beograd, 1986; *Prolazak anđela*, Nolit, Beograd 1989; *Sličice iz života kapelmajstora*, Prosveta, Beograd 1991.
2. „Američka feministička kritika (I deo) Ginokritika: istraživanja ženske književne tradicije", tematski blok, priredila Biljana Dojčinović-Nešić, *Ženske studije*, br. 5/6, Beograd, 1996.
3. Helen M. Denis, „Edrijen Rič — podizanje svesti kao poetički metod", prevod s engleskog Ana Gorobinski, *Ovdje*, br. 355-369, Podgorica, 1998.
4. T. S. Eliot, „Jedinstvo evropske kulture", u knjizi *Nova filozofija umjetnosti — Antologija tekstova*, odabrao i priredio Danilo Pejović, Nakladni zavod MH, Zagreb, 1972.
5. J. Chevalier, A. Cheerbrant, *Rječnik simbola*, prevela grupa prevodilaca, Nakladni zavod MH, Zagreb, 1987.

MODERNIZAM, POSTMODERNIZAM, REVIZIONIZAM U POEZIJI IVANE MILANKOVE

Poezija Ivane Milankove pojavljuje se na pesničkoj sceni u drugoj polovini sedamdesetih godina. U ovom kratkom uvidu u njen opus, pokušaću da pokažem kako se ona kao pesnikinja postavila u odnosu na dominantno mušku pesničku scenu, ali i da opišem osnovne karakteristike njenog rada. Neophodna je, ipak, prethodna napomena oko upotrebe imenica ženskog roda: pesnikinja, književnica, spisateljica, jer još uvek u okviru sveta književnosti postoje nedoumice oko novog određenja ovih imenica, kao i odrednica „ženska poezija", „ženska proza" ili „ženska književnost". Zastarelo shvatanje ovih pojmova podrazumeva vrednosni stav onoga ko govori o ženskoj književnosti. Pošto je zastarelo shvatanje ovih imenica još uvek živo u jeziku kritičara, pa i kritičarki, da ne govorimo o široj javnosti, nije čudo da još uvek neke književnice imaju otpor prema njihovoj upotrebi. Kada se kaže „ženska književnost", „ženska poezija" ili „ženska proza", još uvek se misli na književnost izvan okvira „ozbiljne" književnosti, koja pripada popularnim žanrovima, namenjenim ženskoj publici za zabavu i razonodu. Ona se odlikuje preteranom sentimentalnošću, lošim književnim zanatom, prezrenim ženskim temama, itd. Međutim, novo značenje tih pojmova je u vrednosnom smislu neutralno: reč pesnikinja, prozaistkinja ili književnica jednostavno označava ženu koja piše poeziju ili prozu, koja se bavi književnošću. Kao što postoje razlike među muškarcima koji pišu poeziju, postoje razlike i među ženama koje pišu poeziju. S druge strane, savremena tumačenja književnosti ne mogu da zaobiđu rodne, rasne, klasne, seksualne, poetičke i političke razlike koje su upisane u svaki književni tekst. S tih aspekata savremene metode u proučavanju književnosti izučavaju kako književnost žena, tako i književnost muškaraca.

Budući da su u raspodeli „kapitala u kulturi" žene kao književne kritičarke i kao pesnikinje bile i još uvek jesu marginalne, činile su nevidljivu manjinu na književnoj sceni, taj položaj ih je primoravao da se određuju prema dominantnom (muškom) pesničkom i kritičarskom diskursu i da razrešavaju kontradikcije između očekivanja kako žena treba da piše da bi bila prihvaćena, i načina kako da se izbori za svoje mesto u savremenoj kulturi. Ovo može biti polazna tačka u istraživanju različitih ženskih pesničkih glasova.

Kritički glas pesnikinje Ivane Milankove

Prve dve zbirke pesama Ivane Milankov, objavljene pod naslovom *Međuprostori* (1982) i *Put do glave* (1985) proizašle su iz iskustva putovanja po svetskim metropolama. Pesme beleže pesnikinjin doživljaj različitih geografskih prostora, ali ona nije neutralna posmatračica. U mnogim pesmama izražava se kritičan odnos prema savremenoj civilizaciji, ali ne samo u smislu modernističkog, eliotovskog ili paundovskog, globalnog negativnog odnosa prema savremenosti i nostalgičnog okretanja prema vrednostima prošlih vremena. Njen uvid u savremenost i kritika javljaju se na razini uvida u društvene, rasne, klasne i rodne probleme, tipične za savremenu civilizaciju, pre svega Zapada, ali i Istoka iz perspektive osamdesetih godina. Ovo naročito važi za prvu zbirku. Pozivajući se na sudbinu ruske pesnikinje Ane Ahmatove, Milankova, tako, u pesmi „Razgovor" govori o strahotama komunizma, proganjanju i smrti-

ma, koje su prouzrokovane dominantnom ideologijom sovjet-
skog društva. Ona ne mora da ispriča celu priču, dovoljne su
aluzije na „zatvorske cigle", „njegovu i njihovu / smrt / koja će
se zvati / 'Zapaljenje pluća' / 'Lakši prelom kostiju' / 'Opekoti-
ne prvog stepena'". Pesma „Izveštaj sa East Rivera", s druge
strane, bavi se sudbinom mlade žene koje je izvršila samoubis-
tvo, kao i njenim socijalnim statusom u američkom društvu.
Njena sudbina je neodvojiva od njenog klasnog, rasnog i rod-
nog položaja u kapitalističkom društvu Amerike. Politički as-
pekt poezije Ivane Milankove može se iščitati i iz činjenica da je
njena poezija nastala u „nesvrstanoj" zemlji koja se nalazila iz-
među Istoka i Zapada, kritična prema zemljama realnog socija-
lizma i zemljama kapitalizma. Ta specifičnost spoljašnje i unu-
trašnje politike socijalističke samoupravne Jugoslavije omogućila
je dinamičan odnos prema svetu, savremenosti i prema svetskoj
kulturi, što je jasno i iz opusa Ivane Milankove.

Dok čitamo zbirku *Međuprostori* stičemo utisak da se pes-
nikinja bavila kulturološkim, društvenim i običajnim razlika-
ma koje spoznaje dok putuje i menja kulturna i društvena
podneblja. Ona se pita (u pesmi „Austrian Express", zbirka
Međuprostori) da li je te razlike moguće prevazići ili one zau-
vek ostaju duboko urezane kao nepremostivi jazovi. Uprkos
razlikama, zaključujemo da je komunikacija ipak moguća.
Milankova u stihovima ukazuje na različite kulture i njihove
intelektualne, potrošačke ili tradicionalne karakteristike, na
primer, u sintagmama: vreme engleskog čaja, hladna coca-co-
la, Platon, zen-budizam, anti-poezija, itd.

Pomenute zbirke pesama su nastale u okviru modela „po-
etskog realizma", koji je u sedamdesetim i osamdesetim godi-
nama bio dominantan pesnički model u Srbiji i SFRJ. Poetski
realizam označava poeziju budne pažnje u čijem je središtu
opažanje spoljašnjeg sveta. Ali, način kako se svet opaža govo-
ri o pesnikovom ili pesnikinjinom stavu prema stvarnosti ko-
ja ga/je okružuje. Tako se doživljaj sveta prelama kroz sasvim

subjektivan odnos autorke/a. Poezija poetskog realizma može biti poezija 'golih' činjenica, ali to je i poezija koja se bavi magičnim otkrivanjem stvarnosti i njenih začudnih ili mističnih aspekata. U poeziji većine pesnika i pesnikinja iz ovog perioda subjekt pesme se kreće različitim savremenim društvenim i geografskim prostorima i stiče iskustva. U tom smislu najindikativniji je pesnički opus Nine Živančević. Lirski subjekt njenih pesama boravi u drugoj kulturi i govori o tom iskustvu.

Od realnog prostora, od „poetskog realizma", Milankova se okreće prostorima duha. Dominacija geografskih, realnih, prostora, zamenjuje se imaginarnim prostorima učene pesnikinje, prostorima punim fragmenata istorijskih i kulturoloških naslaga. Fragmentarni opisi realnih prostora i tipične sudbine savremenih ljudi u realnom društvenom okruženju, zamenjuju se „virtuelnim" prostorima, prostorima koji se tkaju iz krhotina tradicije, smešteni u onostrano.

Nasleđe modernizma

Najzanimljiviji pesnički opusi osamdesetih godina nastali su iz snažnog uticaja tada još uvek dominante modernističke poetike. Pesnici (ređe pesnikinje) modernizma zastupali su shvatanje da je pesma autohtona umetnička tvorevina. Zalagali su se za proces depersonalizacije. T. S. Eliot je u eseju „Tradicija i individualni talenat" pisao da „pesnik ne poseduje 'ličnost' koju treba da izražava, već jedan određeni medijum koji je samo medijum, u kome se utisci i doživljaji kombinuju na neobične i neočekivane načine. Utisci i doživljaji koji su važni za čoveka mogu da se nekako ne pojave u poeziji, dok oni koji su značajni za poeziju mogu da igraju sasvim nevažnu ulogu za čoveka, za njegovu ličnost" (Eliot, str. 291). U nekim pesničkim opusima naših pesnika i pesnikinja ova paradigma dobijala je i druge vidove, pod snažnim uticajima nadrealizma, ili su se avangardni postupci mešali sa poetskim realizmom ili postupcima nadrealizma. U ranim pesmama Ivane Milankove modernistička paradigma je jasno izražena, ali je njena poezija prožeta postmodernim poetikama. Za razliku od modernista, koji su insistirali na učenim aluzijama, autoreferencijalnosti jezika, rani postmodernisti su insistirali na neposrednom odnosu pesnika prema sadašnjosti, i na primordijalnim ritmovima, koji dolaze iz pradubina bića, ali i iz ritma disanja pesnika koji piše (ovo drugo se odnosi na biologizam, karakterističan za pesnike „nove američke poezije“, koji je uveo Čarls Olson /Charles Olson/ u eseju „Projektivni stih“ 1950. godine). Kasnija poezija Milankove prožeta je interesovanjem za simbolizam, akmeizam i neoklasicizam i po mnogim osobinama je neobarokna. U zbirkama *Vavilonski praznici* i *Spuštanje stakla* njen odnos prema prošlosti je, na prvi pogled, modernistički. Koristeći klasične, arhetipske motive, Milankova dovodi u vezu prošlost sa savremenošću. Isti postupak nalazimo i u poeziji Nine Živančević i Jelene Lengold. Dok Nina Živančević u pesmama sprovodi ovaj postupak blisko modernističkoj paradigmi, eliotovskog tipa, a koji neguju i neoromantični postmodernisti, poput Alena Ginzberga (Allen Ginzberg), Jelena Lengold ga sprovodi da bi osnažila ženske arhetipove i ženske mitološke figure, da bi promenila sliku ženskog u sadašnjosti. Iz perspektive rodnog proučavanja književnosti, poezija J. Lengold je revizionistička u smislu kako je o tome pisala Adrijen Rič (Adrienne Rich). Po ovoj autorki žene moraju nanovo da ispišu patrijarhalne mitove i da ih obrade iz ženske, revizionističke perspektive. Ivana Milankova to čini izgrađujući androgeni ženski lirski subjekt, koji osciluje između ženskog i muškog principa. Strukturom stiha u kasnijim pesmama Milankova neguje prvobitne ritmove, koji su bili odlika ranog anglosaksonskog postmodernizam, s kojim je ova pesnikinja tokom boravka u Sjedinjenim Državama bila u neposrednom dodiru.

Maska kao motiv i postupak

U celokupnom dosadašnjem pesničkom opusu Ivane Milankove oseća se uzdržanost i distanciranost u odnosu na temu. Distanciranost se meša sa uzdržanom emocionalnošću, mada pesme najčešće izgovara ženski lirski subjekt u prvom licu jednine. Naravno, u pitanju je impersonalnost za koju se zalagao modernista T. S. Eliot. Pesnički glas govori bez sentimenta, beleži ono što vidi ili o čemu razmišlja. U vezi sa tim je i česta upotreba reči maska u poeziji naše pesnikinje. Da bi poeziju približili nauci, da bi ličnost pesnika odvojili od procesa pisanja poezije, modernisti su insistirali na postupku, koji su različito uobličili T.S. Eliot, Ezra Paund (Ezra Pound) i Vilijam Batler Jejts (William Butler Yeats), izražavajući ga kroz impersonalnost, stvaranje maske ili persone. Svetozar Brkić objašnjava da je maska za Jejtsa biće „koje bi bilo suprotno biću pesnika i to u težnji da se oslobodi ograničenosti koju nameću subjektivnost i emocionalnost, i da postigne 'sliku ili ličnost što je moguće suprotniju piscu ili njegovom iskustvu, a koja bi istovremeno samom piscu bila veoma privlačna'" (Brkić, str. 20–30). Odvojenost od predmeta, pritajivanje ličnosti, Paund je naglasio naslovom zbirke *Personae* (1909). Paundov glas se ne pojavljuje neposredno, on koristi zvuk, masku i krije se iza izmišljene persone. Eliot takođe stvara maske i govori o važnosti impersonalnosti u poeziji. Ranije pesme Ivane Milankove su pisane u strogo impersonalnom maniru. Kasnije pesme izgovara lirsko ja u prvom licu jednine ženskog roda. To lirsko ja je maska, koja govori o transformacijama do kojih može doći u materijalnom, simboličkom, geografskom i duhovnom prostoru. Maska se u njenoj poeziji javlja i kao učestali pesnički motiv, čije je značenje složeno, ali i autoreferencijalno, u smislu ukazivanja na modernistički pesnički postupak. Impersonalnost poezije Ivane Milankove govori o njenoj potrebi da saučestvuje u dominantno muškoj pesničkoj sceni, dok oblikovanje ženskog lirskog subjekta, koji je u biti transcendentan, pokazuje težnju da se udalji od te scene i učestvuje u artikulisanju ženskog pesničkog izraza. Većina pesnikinja iz osamdesetih godina neguje impersonalnost (pored Milankove, tu su Nina Živančević, Snežana Minić i mnoge druge). S druge strane nalazi se nedvosmisleno, suptilno, složeno, kultivisano, ženski artikulisana poezija Jelene Lengold. Kod Ivane Milankove žensko lirsko ja se postavlja u odnos prema Bogu. U pitanju je „muški" Bog, a nikako Boginja. Ali odnos ženskog lirskog subjekta prema Bogu nije jednostavan. Tako u pesmi „Dodatna dimenzija" ženski lirski subjekt izjavljuje: „Koliko ću dugo putovati kroz ovo telo, / koliko ću još belih i koliko modrih sudbina da pređem, / koliko znoja, koliko gaze, / koliko sterilnog Boga?" (zbirka *Spuštanje stakla*, ciklus „Portret sa nadom i kristalima"). Ali u tom odnosu prema muškom Bogu, dolazi do transformacije ženskog lirskog ja, koje se povezuje sa umom, na primer, u stihovima pesme „Stakleni posedi":

> Zar je moguće,
> ovi modri, jonski pokreti iz tame,
> ovi zastori nad jezerom,
> nečije uši u pećinama,
> zar me još uvek pohode,
> zar me ponovo pripremaju
> za velove Boga —
> unutra su njegova lica,
> unutra je ledeno
> i bezrazložno.
> Vazduh podiže umove
> mojih života — „

Dok je poezija Jelene Lengold u dosluhu sa ženskim božanstvima i simbolima, Ivana Milankova, poput Ljiljane Đurđić, kao da stvara androgeno biće, koje se kao biološka ili simbolička žena zalaže za intelektualnu ženu. Ali, poezija Ljiljane Đurđić se kreće u okvirima svetovnog odnosa ljudi, bića i predmeta, dok se poezija Ivane Milankove odvija na prilično apstraktnom nivou, na nivou govora o osnovnim elementima, materijama, simbolima, apokaliptičnim prostorima izvan realnog, društvenog, dešavanja.

„Nova čulnost"

Ivana Milankova se u kasnijim pesmama, kako sama ističe u zbirci *Spuštanje stakla*, zalaže za novu čulnost. Ona se ostvaruje na više nivoa. Na nivou ponavljanja rečeničnih struktura, čime se postiže ritmičnost pesme, kojoj doprinose kratke rečenice, fraze ili reči, koje se nižu jedna do druge ili su u nekom ritmičnom odnosu. Nova čulnost je 'ohlađena' čulnost do koje se dolazi čestom upotrebom reči koje ukazuju na glatke, ledene površine, na staklo, kristal, led, sedef, ogledalo. Pesnikinja koristi i reči čipka, svila, til, koža, perje, ukazujući na nežnost, taktilnost, na simbolizam ženske sfere. Kada upotrebljava ove motive, ona računa s tim da će izazvati čulnu reakciju čitateljke/a, asocirajući na hladnoću, toplotu i erotičnost pomenutih materijala, i tako se približava transavangarnoj tendenciji, koja osamdesetih godina doživljava ekspanziju u umetnostima i književnosti. Iz navedenih primera, moglo bi se zaključiti i to da pesnički motivi u poeziji Milankove osciluju u binarnoj opoziciji hladno-toplo, ili između principa muškosti i ženskosti. U poeziji Jelene Lengold takođe je prisutna čulnost kada se govori o upotrebi reči, ali tu reči doprinose stvaranju utiska o bujnosti, ženskoj zrelosti i plodnosti, a biljni ornamenti imaju istaknutu izražajnu i značenjsku vrednost. U poeziji Ivane Milankov, mada su prisutni i biljni ornamenti, ona uglavnom koristi reči vezane za sferu kristala. Razlika u dominantnoj simbolici ove dve pesnikinje mogla bi se iskazati opozicijom biljni svet— svet kristala. Biljni svet je 'haotičan', otelotvorenje ženskog principa. Dominacija simbolike kristala ukazuje na muški princip, na racionalnost i kulturu, u opoziciji prema iracionalnom, ženskom, koje se izjednačava sa prirodom.

Žensko lirsko ja i homosocijalna veza

Žensko lirsko ja, lirski subjekt, koji izgovara pesmu u prvom licu jednine ženskog roda u poeziji Ivane Milankove je često oblikovano kao androgina figura. Tako u pesmi „Halucinacije boga Hermesa", u delu naslovljenom „Pisma", iz zbirke *Vavilonski praznici*, lirsko ja izjavljuje: „...Daleko sam od prirodnih sfera. / Prvo voštana, pa jonska, čak ni polna". U zbirci *Vavilonski praznici* stiče se utisak da to žensko lirsko ja definiše svoje monogostruke indentitete. Ta potreba da se žensko lirsko ja odredi kao složeno i višeznačno, prouzrokovana je opiranjem apriornoj društvenoj ili umetničkoj definiciji šta je ženskost u društvu i kulturi. Sličnu tendenciju, ali u sklopu sasvim druge pesničke i umetničke formacije, u generaciji koja prethodi generaciji Milankove, nalazimo kod Judite Šalgo, koja se, opet, za razliku od Milankove, kreće u sferi društvenih odnosa.

Teoretičarka Eva Kosovski Sedžvik (Eve Kosofsky Sedgwick) objasnila je da su muškarci u savremenom društvu „homosocijalno" povezani. Društvom dominiraju muškarci, dok su žene podređene. Žene su, po ovoj autorki, posrednice muške homosocijalne želje. Ona tvrdi da je u odnosima među muškarcima emocionalni i seksualni izraz nužno suzbijen radi zadržavanja muške moći i dominacije. Baveći se radom H. D. (Hilda Dulitl) i imajući u vidu raspravu Eve Kosovski Sedžvik, Kasandra Lajti (Cassandra Laity) tvrdi da jedan od najuticajnijih manifesta modernizma, Eliotov tekst „Tradicija i individualni talenat", izražava homosocijalnu vezu muškaraca, dok se Eliotov kasniji stav može opisati kao homofobični strah od ropstva seksualnosti. Ona smatra da su anti-romantičarske muške modernističke teorije poetskog identiteta bile neprijateljski raspoložene prema ženskoj želji i ženskom jeziku. Eliotov objektivni korelativ, Jejtsova maska i Paundova persona pobijale su masku Estete i neoplatonističku seksualnu „istost". Modernističke teorije su često potiskivale jezičku neodređenost i tekstualno odlaganje želje, koje su kasnije teoretičarke počele da povezuju sa *ecriture feminine* — u prilog linearnog, muškog heteroseksualnog/tekstualnog narativa, koji, između ostalog, namerno onemogućava slobodnu igru želje u otvorenim narativima romantičarskog traženja. Romantična potraga za spiritualnim blizancem, ima ekspresivan, senzualan jezik. Obnavljajući romantičarsko nasleđe, Ivana Milankova u zbirci *Oko iza vazduha* govori o spiritualnim blizancima.

Pokušala bih sada da tezu o homosocijalnoj vezi muškaraca primenim na stanje poezije u kojoj osamdesetih godina piše Ivana Milankova. Osamdesetih godina, u antologijama i izborima koje sačinjavaju kritičari i pesnici (tj. muškarci), isključivo su ili gotovo isključivo zastupljeni pesnici, i tek poneka pesnikinja. Jasno je da su pesnikinje gurnute na marginu, ali je jasna i homosocijalna veza pesnika i kritičara. O statusu pesnikinje najbolje govori pesma Jelene Lengold „Poezija je otišla" iz zbirke *Prolazak anđela*. Status pesnikinje u socijalističkom društvu u pesmi J. Lengold je opisan upravo u smislu posrednice muške homosocijalne želje: žena je lep objekt i muškarčev posed, ali joj se uloga stvarateljke uvek na kraju uskraćuje.

Budući da se, po svom obrazovanju, pesnički senzibilitet Ivane Milankove formirao na tradicijama modernizma, pored toga, ona prevodi Jejtsa, Paunda, ali i H.D., modernistički senzibilitet u njenoj poeziji prepoznatljivo vibrira. Njoj je, međutim, kao ženi, blisko i romantičarsko platonističko tra-

ganje za bliskošću, za istošću, za duhovnim ili erotskim bli-
zancem, koje su modernisti sasvim potisnuli.

Analiziranjem poezije pesnikinjâ srpskog govornog po-
dručja, dolazimo do saznanja kako su one svojom poezijom
rešavale problem žene koja piše poeziju u dominantno muš-
kom okruženju. Kad je u pitanju opus Ivane Milankove, neko
buduće istraživanje trebalo bi da se usredsredi na uticaj rus-
kih pesnikinja Cvetajeve i Ahmatove, kojima se Milankova
dugo bavila. Moja pretpostavka je da su one u okviru ruske
kulture početkom XX veka razrešavale status pesnikinje (žene
koja piše poeziju) u muškom okruženju i da je njihova poezi-
ja poslužila Milankovoj kao paradigma za rešenje tog proble-
ma u drugačijem istorijskom trenutku i u drugoj kulturi. Ma-
da pesme Ivane Milankov sugerišu ravan sa koje bismo ih
mogli tumačiti kao situaciju u kojoj ženski lirski subjekt po-
kušava da spozna onostrane istine o životu i svetu, ustrojstvu
prirode, ginokritičko čitanje nas vodi u drugom pravcu. Poe-
ziju Milankove tada možemo protumačiti kao traženje odgo-
vora na pitanje ko je žena u kulturi, kako ona postaje subjekt
koji stvara. Istakla bih stihove u pesmi „U belim uglovima
dok su me raspinjali" (zbirka *Vavilonski praznici*), u kojima
žensko lirsko ja govori: „Ne od mediteranskog, ja sam od sop-
stvenog mita, / od krzna, od greha, od praha, od granita." Ra-
di se o revizionističkoj nameri pesnikinje da stvori sopstveni
mit ženskosti, preoblikovanjem postojećih mitova. Zato ona
u istoj pesmi ide i dalje, pa tako Hristovo raspeće postaje ras-
peće ženskog lirskog subjekta.

Literatura:

Zbirke pesama Ivane Milankov: *Međuprostori* (1982), *Put do glave*
(1985) *Vavilonski praznici* (1987), *Spuštanje stakla* (1991), *Oko iza
vazduha* (1995).

Cassandra Laity, „H.D., Modernism, and the Transgressive Sexualities of Decadent-Romantic Platonism, u *Gendered Modernisms — American Women Poets and Their Readers*, edited by Margaret Dickie & Thomas Travisano, University of Pensylvania Press, Philadelphie, 1996.

T. S. Eliot, „Tradicija i individualni talenat", u *Rađanje moderne književnosti — poezija*, priredili Sreten Marić i Đordije Vuković, Nolit, Beograd, 1975.

Svetozar Brkić, „Engleska poezija od 1900-1950 — neki njeni osnovni vidovi i kretanja", u *Antologija savremene engleske poezije*, drugo, dopunjeno izdanje, priredili, Svetozar Brkić i Miodrag Pavlović, Nolit 1975.

LAVIRINTI POEZIJE: O POEZIJI NINE ŽIVANČEVIĆ

Razmišljanje o poeziji Nine Živančević otpočela bih citiranjem rečenice koja je obeležila novu američku poeziju, a vezuje se za imena pesnika postmoderne romantičarske škole Blek Mauntin koledž, Čarlsa Olsona i Roberta Krilija: „Poezija nije ništa drugo do produžetak sadržaja." Ova rečenica ukazuje na problematiku poezije koja se tradicionalno može definisati kao odnos sadržaja i forme. Viktor Šklovski je početkom veka pisao da je poetski govor govor konstrukcija. Roman Jakobson je pisao da je poezija iskazivanje usmereno na izraz, kojim upravljaju imanentni zakoni. Jan Mukaržovski je pokazao da nema sadržaja bez forme niti forme bez sadržaja. Neki pesnički pravci naglašavaju formu, drugi je skrivaju. Odnos forme i sadržaja različiti pesnički pravci razrešavaju na različite načine. Definicija koju sam navela na početku mogla bi biti adekvatno primenjena na poeziju Nine Živančević. Mada forma u njenim pesmama nije nešto što na prvi pogled skreće pažnju na sebe, pažljivo čitanje nam pokazuje da pesnikinja koristi veliki broj formalno-sadržajnih obrazaca. I po opsegu tema i motiva koje u poeziji spominje ili obrađuje, poezija Nine Živančević spada među najbogatije u savremenoj poeziji koja se u Srbiji poslednjih petnaestak godina piše. U analizi njene poezije zanimaće nas: kako je pozicionirano jastvo (subjekt pesme); u kojoj meri je ova poezija autobiografska ili se u njoj javlja persona; kakav je status realnog; koje postupke razvijane u ovom veku pesnikinja koristi; kako se strukturira značenje.

Grad kao alegorija moderniteta

Poezija Nine Živančević duboko je obeležena iskustvom moderniteta kako su ga krajem prošlog veka u poeziji definisali simbolisti, pre svih Šarl Bodler. Modernitet je postao univerzalno obeležje evropske kulture 20. veka. U središtu tog iskustva je život u velikim gradovima, sa raznolikim paralelnim svetovima. Modernističku paradigmu postavio je Bodler, a opisao ju je Hugo Fridrih u knjizi „Struktura moderne lirike". Fridrih opisuje tretiranje grada u Bodlerovoj poeziji:

> „O pojmu moderniteta on je mislio posve drugačijom mjerom negoli romantičari. To je vrlo složen pojam. U negativnom pogledu njime se misli na svijet velegrada bez zelenila, s njihovom ružnoćom, njihovim asfaltom, umjetnom rasvjetom, kamenim klancima, s njegovim grijesima i osamama u ljudskoj vrevi. On nadalje podrazumijeva razdoblje napretka i tehnike koja radi na paru i elektricitet. Napredak Baudelaire definira kao 'progresivno opadanje duše, progresivnu vladavinu materije'. (...) Međutim, Baudelaireov pojam moderniteta ima i naličje. On je disonantan, on od svega tog negativnog pravi čaroliju. Sva bijeda, oronulost, zlo, noć, izvještačenost, nudi podražaje koji bi da ih se poetski zapaža. Oni sadrže tajanstva koja pjesništvo usmjeruju na nove putove. U velegradskom smeću Baudelaire sluti misterij." (Friedrich, 46)

Taj odnos prema modernitetu javlja se i kasnije u poeziji, nalazimo ga kod T. S. Eliota i Alena Ginzberga, na primer. Džejms Breslin je pisao:

„Od Eliota do Ginzberga moderni grad je bio struktu-
riran kao mitsko putovanje radi pročišćenja koje ogoljava
iluzije i konačno dovodi do transcendencije. Razlike iz-
među Eliotove uzdržane ironije i Ginzbergovog ljutitog
urlika ili Eliotovog otkrovenja sibilskog sanskrita i Gin-
zergovog blejkovskog misticizma su duboke, ali i „Pusta
zemlja „ i „Urlik" nude panoramske poglede na moderni
grad da bi poništili socijalne i fizičke realnosti u trenutku
halucinatorne vizije." (Breslin, 220)

Već u prvoj zbirci Nine Živančević, *Pesme*, grad je domi-
nantna tema. Subjekt pesme je smešten u srce grada. „Depar-
ture song (pesma odlaska)" počinje: „Dole / na sleđenom ste-
peništu Istočnog Londona / gde puls opipava Dr Džekil, /
sleđenih prstiju i osmeha / dva mrtva jezera — naše oči,/ pre-
sipala su te noći najtežu tečnost / hlorovodonične bliskosti /
iz tuge u poljubac / iz poljupca u tugu. / Naš život beše nalik
/ seči bambusove šume: / silovit i uzaludan,/ ugrabljen bes-
mislu između dveju stanica (...)" (str. 24) Pojedinac je u gra-
du prepušten sebi i otrgnut od svakog kolektiviteta. Manifes-
tacije gradskog života i usamljenost pružaju veliku slobodu u
modalitetima življenja mnoštva pojedinaca. Iz perspektive
moderniteta život u gradu u sebi krije najveće ekstaze i najve-
će opasnosti. Grad je mesto pušťoši i pesnikinja poredi život
u gradu sa sečom bambusa. Bambus je sama priroda, metafo-
ra života u neograničenom, organskom bujanju. Nasuprot to-
me, grad sa veštačkim, otuđenim životom, nalik je „smrti u
životu", da upotrebimo čuvenu eliotovsku frazu. Opasnosti
grada postaju metafore zla koje u gradovima vreba. U poeziji
Nine Živančević nižu se gradovi: San Francisko, Santa Moni-
ka, Denver, Beograd, ... Hugo Fridrih je za Bodlera pisao:

„'Čisto i bizarno' tako glasi jedna od njegovih definicija li-
jepoga. No on se bez okolišanja zalagao i za ružnoću, taj ekvi-

valent tajanstvu što ga iznova valja osvojiti kao mjesto proboja u idealitet." (47)

Pesmu „Sedam Staraca" Šarl Bodler počinje stihovima:

„O, grade mravinjače, o grade prepun snova,
gde avet usred dana uz prolaznike kasa!"
(Cveće zla, str. 91)

T.S. Eliot je u „Pustoj zemlji" ispisao čuvene stihove:
„Nestvarni grade,
Pod mrkom maglom zimskog svitanja,
Gomila struji Londonskim mostom, toliko ljudi,
Ne bih pomislio da smrt je razorila toliko ljudi." (str. 67)

U Ginzbergovom „Urliku" gradovi Amerike postaju metafora civilizacije koja uništava mladež. Gradovi su metafora zla koje donosi zapadnjačka otuđena civilizacija:

Videh najbolje umove moje generacije razorene
ludilom, kako gladuju histerično goli,
kako se u svanuće vuku crnačkim ulicama tražeći
žestoki fiks, (...) (str. 15)

Nina Živančević u pesmi „Beograd" uzvikuje: „Apokaliptični grade!" zatim se sa setom seća grada u kojem je rođena i u kojem je odrasla. Pesma svojim referencama na velike svetske i evropske pesnike, ali i na srpske moderniste, smešta grad u kontekst evropske i svetske kulture. Povišena retorika u svim ovim primerima signalizira poeziju u smislu lirike, povlašćene književne vrste, i pesniku/pesnikinji daje povlašćeni položaj: oni govore iz nadahnuća i imaju uvid u Istinu.

Od „Urlika" dalje, Ginzberg je pisao poeziju proročke inspiracije. Taj impuls se mešao sa snažnim optužbama modernog kapitalističkog društva kao otelotvorenja spiritualne smrti koju donosi kultura okrenuta „vizijama novca". Samo transformacija svesti, izazvana drogama ili poezijom, ili budističkom meditacijom, može dovesti pesnika do kosmičke vizije suštine stvari. U skladu sa tim mitom, Ginzberg je pesnik-prorok u tradiciji Plotina, Blejka, Mahajana tibetanskog budizma. Pesmu „Aqui se habla Epanol" (*Mostovi koji rastu*) Nina Živančević počinje stihovima: „Neki ga nazvijaju dijamantom, a za nekog je plik / i Moloh, / šizofrenija je ovde prirodni oblik svesti; / frivolno je nazivati ga paklom, jer oblast između neba i / smrti deli se okretom nečije potpetice koja / gnječi / njegov sjaj i biser i plastični pokrov, kečap i / vrećicu trave za glavu." Moloh je staro božanstvo kome su žrvovana deca. U „Urliku" Molohu se žrtvuju „mozgovi i imaginacija". Moloh označava autoritet porodice, društva, književnosti. Breslin piše da se on kod Ginzberga manifestuje u neboderima, zatvorima, fabrikama, bankama, ludnicama, armijama, vladama, tehnologiji, novcu, bombama: Moloh je sveobuhvatna društvena realnost. Upravo te realije su tema poezije Nine Živančević. Molohovo dejstvo u pesmi čije smo stihove naveli uzrokuje hladne nezbrinute dane, govori se o spiralnom ćutanju, otrovnim parama, megalopolisu na planeti zemlji. U „Urliku" Ginzberg je pevao: „Moloh! Samoća! Prljavština! Odvratnost! Kante za smeće i nedostižni dolari!" (24) U njegovoj pesmi „Evropa, Evropa" gradovi su aveti, podstrekači rata. Slika mitskog grada, „napravljenog od čelika i sirovog pamuka" u pesmi Nine Živančević „Beskrajno meko" (*Gledajući knjige nezavisnih izdavača*) ponovo priziva Bodlera, kao što i „sekretarice boginjave kože / koje čekaju poslednji autobus da ih odveze / do sela zvanog Uzbudljivost" prizivaju Eliotov London i nezanimljivi, besmisleni život srednje klase. Tim negativnim stavom prema savremenoj civilizaciji, u kojoj je život određen novcem, kao vrhovnim gospodarom, u kojoj „kućepazitelji snova" kontrolišu vaš život, mišljenje i ponašanje, pesnikinja priziva „Urlik" Alena Ginzberga, na primer, u stihovama „Pesme bančinog teleksa":

„GOTOV SI zaglavljen u višespratnoj / stvarnosti / tvoj vrisak je nečija umetnost / tvoj uzdah je moj urlik, stoga ti se obraćam, / derem se na tebe Ameriko, / ostavi me na vezi, ne prekidaj me, Ameriko, / smiri se stišaj promeni brzinu..." (str. 35) Značenja koja je sobom ocrtala pesma „Urlik" postaju označitelji pesme naše pesnikinje. I kao što ćemo videti, teme ne potiču iz života (povratak nepatvorenom, direktnom iskustvu), teme su uvek posredovane pesničkim diskursima.

Pesnički postupci

Mnogi su interpreratori poezije Nine Živančević ukazali na bogatstvo izvora kojima se pesnikinja služi ili na koje aludira.

Ona pesme posvećuje ili u pesmama pominje: Čarlsa Olsona, Vilijama Vortsforta, Vilijama Karlosa Vilijamsa, Silviju Plat, Bunjuela, Pazolinija, Bauhaus, Remboa, Sokrata, Frenka O'Haru, itd. Time fundira svoje izvore, svoju učenu „inspiraciju". Imena i nazivi obeležavaju savremenu civilizaciju, ujedno su i znaci koji referiraju na određene svetove umetnosti, određene postupke, tematike i tematizacije vezane za umetnost 20. veka. Oni postaju drugostepeni označitelji, koji strukturiraju značenja pesme. U njenoj poeziji prisutno je bogatstvo percepcije. Ali neposredna stvarnost kojom se pesnikinja kreće i u kojoj živi već je posredovana poetskim jezicima.

Za novu američku poeziju važan je termin „magični realizam". On označava poeziju intenzivne percepcije koja vrednuje ekstazu pažnje. Pesnikinja Deniz Levertov je od pedesetih godina otvarala tradicionalne forme da bi prizvala objekte i energije neposrednog fizičkog sveta u poetskom realizmu. Pesnici nove američke poezije često su eklektični. Breslin je pisao da su na Hrenka O'Haru uticali film, ples, muzika, ruska književnost, francuska poezija (naročito dada i nadrealizam), američka poezija (naročito Vitmen i Vilijams), njegov ukus je u svim medijima bio otvoren i eklektičan. Poeziju je oblikovao između tvrdokornog realizma i aluzivne mobilnosti. Iskustvo je čisto fizičko i prolazno. Percepcija se kreće ubrzano i obuhvata stvari sa preciznošću kamere u pokretu. Pesničko jastvo kao da je prozirno a iskustvo apsorbovano sa pažnjom koja ne dozvoljava diskriminaciju, naglašavanje ili interpretaciju. O'Hara se kreće kroz demistifikovan i sekularan svet neposrednosti, iz kojeg su sva vertikalna, transcendentna proširenja značenja nestala. Nasuprot tome, kod Džejmsa Rajta senzacije su „koridori" ka transcendentnoj viziji. Kod Ginzberga materijalnost je data samo da bi se o njoj pevalo iz egzistencije.

U zbirci *Mostovi koji rastu* Nina Živančević se kreće dalje od ocrtanog moderniteta i ispituje različite sadržaje i forme. Sadržaj i forma su poput mebijusove trake. Pesme kao da žele da se vrate do iskustva pojedinca. Lična pozicija individue se povezuje sa iskustvom slučajnih susreta na ulicama grada. U „High poem": „Umorna sam otkako je pesma / sama, / kao što starac u Bronksu reče: / NEMA više ropstva, neeemaa, / a potom nestane u danu bez imena. / Drugi jedan tip mi priđe sa: Zdravo! I ja sam / lep — hajde / da zajedno nešto otpevamo! / Vibriramo, napred-nazad, vibriramo, / verovatno se nikada nećemo sresti ponovo" (str. 8) Pesnikinja registruje brzi ritam gradskog života i ono neobično sa čim se na ulicama velegrada može susresti. „Poetski realizam" nove američke poezije je kôd koji nam omogućava razumevanje sličnih pesama u poeziji Nine Živančević.

Jurij Lotman ističe jednu osobenost funkcionisanja umetničkog dela:

„ ... u trenutku percepcije umetničkog teksta skloni smo da mnoge aspekte njegovog jezika osećamo kao poruku — formalni elemeti se semantizuju, ono što je svojstveno opštekomunikacionom sistemu, kad uđe u specifičnu strukturnu celovitost teksta, percipira se kao individualno. U uspelom umetničkom delu sve se percipira kao da je sačinjeno *ad hoc*. Međutim kasnije, kad uđe u umetničko iskustvo čovečanstva, delo u celini, za buduće estetske komunikacije, postaje jezikom, i ono što je slučajno bilo dato u sadržaju datog teksta postaje kôd za kasnije tekstove." (Lotman, 52)

Na ovoj karakteristici se zasniva strukturiranje pesničkog teksta Nine Živančević. Ovo nas vodi ka poimanju intertekstualnosti. Naime, svaki, pa i pesnički, tekst postoji u mreži drugih tekstova iz kojih crpi razumljivost.

Pesma pod nazivom „Gertrudi Stajn" (*Gledajući knjige nezavisnih izdavača*) aludira na ovu radikalnu modernistkinju s početka veka. U poetskoj prozi „Mleko" G. Stajn je pisala :

„Belo jaje i tiganj u boji i kupus koji pokazuje stanište, neprestani rast.
(...)
Kuvanje, kuvanje je prepoznavanje između iznenadnih i skoro iznenadnih veoma malih i svih velikih otvora.
(...)" (*ProFemina*, br. 7, 1996, str. 157)

Nina Živančević razvija početni impuls koji dolazi od Gertrude Stajn i kretanje ka nadrealističkim metaforama i alegorijama. Gertruda Stajn je u karakterističnim delima ispitivala mogućnosti odnosa sintakse i semantike, onemogućavajući simboličku interpretaciju. U poeziji Nine Živančević ona i njeno delo postaju znak kulture 20. veka. Ovaj postupak je jedan od suštinskih u njenoj poeziji. Sličan postupak nalazimo i u pesmi „Božanska proviđenja" (zbirka *Duh renesanse*): „Hugo Bal je 1916. osnovao kabare / za reči i razna proviđenja / po meri raznih umetnika / za sve nas, / o ludi, ludi Hugo Bal ..." Kao i u ostalim pesmama posvećenim određenim umetnicima ili umetničkim pravcima, pesnikinja nam govori da su oni (u ovom slučaju dadaizam i kabare Volter) deo našeg iskustva, naše memorije, zaliha naših postupaka, značenja i tematizacija.

Druga pesma u zbirci *Gledajući knjige nezavisnih izdavača* sastoji se iz tri dela. Prvi podnaslov, „Dok pušim cigaretu i vozim Mićina kola", aludira na naslove američkih pesnika, kakvi su na primer, naslovi Džejmsa Rajta „Snežna oluja u Midvestu" ili „Ležeći u visećoj mreži na imanju Vilijama Defoa u Pejn Ajlendu, Minesota". Pesnikinja uvek polazi od jedne književne paradigme, upotrebljava je, poigrava se njome i razvija je. U prvom delu ove pesme polazi od „realne" situacije. Pesnikinja se vozi, pušeći i guši se u dimu, ali „u tegli", sputana, sija neviđena zvezda, tvoje oko. U tekstu „Umjetnost kao postupak", Viktor Šklovski je pisao:

> „Što više objasnite epohu, to ste uvjereniji da su slike za koje ste smatrali da ih je stvorio neki pjesnik gotovo nepromjenljive i da ih on upotrebljava preuzevši ih od drugih. Sav posao pjesničkih škola svodi se na gomilanje i iznalaženje novih postupaka rasporeda i obrade jezičke građe, i posebno, neusporedivo više na raspoređivanje slika negoli na njihovo stvaranje." (Šklovski, 39)

Pesnikinja suprotstavlja stvarnost, (realnu) okrutnu materijalnost socijalnog života i želju da je transcendira: „vozim polako, žudna da naletim na / meku ututkanu stvarnost, ušećereni sladoled, / ponoćnu negu, a ti, nevaljali pločniku, / ne zuri u mene tako glasno (...)"

Podnaslv drugog dela pesme, „Ideje isključivo u idejama", aludira na čuveni kredo Vilijama Karlosa Vilijamasa: „Ideje postoje samo u stvarima". Preokrećući Vilijamsovu maksimu, Nina Živančević piše: „stvari su ljupke, / veoma okrugle". Zatim se pesma razvija u smeru svakodnevnog iskustva: računi, pretskazanja, lični odnos sa voljenom osobom. Treći deo pesme pod naslovom „Jednom strašno ozbiljnom prilikom", kompjuterskoj epohi suprotstavlja poeziju. Taj kontrast služi za razvijanje pesničkog jezika punog metafora i egzotičnih slika: tastatura postaje vladarka, zla Vanda Vangovog sistema, koji zapoveda da se krišom ukucana pesma izbriše. Veza istočnjačke kompjuterske industrije posredstvom „Vangov sistema" omogućava pesnikinji da putem asocijacija razvije sliku u skladu sa referencama koje upućuju na tradiciju (kulturu) ili karakterističan prirodni ambijent Istoka (koji je takođe kulturološki konstrukt): „Vrisak paunova, mesečarstvo Li-poa, / divlji ždrepci kambodžanskih ravnica (...)."

U kontekstu nove američke poezije čvrsta je veza između akcionog slikarstva i pesnika njujorške škole (Frenk O' Hara) ili Blek Mauntin koledž (Robert Krili). Pesnici su u poeziji prenosili tehnike akcionog slikarstva (jezik je materijal koji se nanosi na površinu kao kada slikar nanosi boje na platno). Pesma Nine Živančević „Jesenji ritam Džeksona Poloka (ili nostalgija za brutalnim)" upućuje na taj kontekst.

Videli smo da je pesnikinja opsednuta protejskim oblicima, licima i naličjima grada. On je polazna tačka od koje se nižu asocijacije. Na primer, pesma „Poeziji" (*Gledajući knjige* ...) počinje: „Sluzokože oblakodera lepe nam se za kapute / i otpadaju, ustajale, podsećaju nas na sezonske goniče fraza / u glatkim časopisima / preplašene ukusom sopstvenih začina / gutaju ćutanje sa majonezom / na stranicama / oblaci promiču i reznikov zuri u / talase". Oblakoder je metafora grada, njen preteći znak. Sluzokoža oblakodera, čini od grada ljigavo biće, koje se lepi za naše kapute ... Pesma dovodi u istu ravan reči koje upućuju na različite aspekte ljudske kulture: hrana, časopisi (medijska kultura), oblaci (priroda). Svetovi umetnosti uskrsavaju posredstvom imena: Čarls Reznikov i objektivistički pesnički pokret; Antonen Arto, početak veka i francuski nadrealizam; Pit Mondrijan, pionir evropske apstrakcije i holandski konstruktivistički pokret „De Stijl", koji takođe obeležavaju epohu. Pesak Atlantika i obale Amerike, Elvis Prisli i prodor medijske (popularne) kulture u visoku kulturu, patike u kojima se trči i mitologija generacije sedamdesetih i osamdestih; multikulturalnost Amerike, u kojoj potomci više ne mogu izgovoriti imena sopstvenih predaka (Amerika kao lonac za topljenje); televizor kao zlo koje ispunjava dokolicu, umesto kreativnosti — koju simbolizira prazna stranica papira ... Muze (relikt uzvišenosti pesništva) doručkuju sa Frenkom Zapom. Izjednačavanje popularne kulture sa visokom kulturom grafički je obeleženo: pesnikinja piše malim slovom reči: muze i frenk zapa (zapravo sva imena su pisana malim slovom). Socijalni život prisutan je kroz sledeće nivoe: miris božićne ćurke (život hrišćanske zajednice), žute čarapice (intimna sfera pojedinca), atomska trka (opasnost savremene civilizacije), nestašica kafe i vremena (banalna svakodnevica). Pesma je za autorku vrhunski artefakt, ona je monumentalno delo, i obuhvata nivoe: svetovno — sakralno; socijalno — kulturološko; evropocentrično — multikulturalno.

Varijacije slobodnog stiha

Dužina rečenice postaje jedinica mere, pisao je pesnik Ron Silimen. U tradicionalnoj poeziji metri ogranizuju stih. Nova američka poezija je proklamovala stih koji pronalazi sopstvene mere, tako što ga reguliše dah (Olsonov projektivistički stih). Proklamovano je da stih mora imati govornu osnovu, ali analize često pokazuju da se stih modeluje prema književnim uzorima, na primer, kod Alena Ginzberga prema proto-dadaističkom stilu Gijoma Apolinera ili Bleza Sandrara. Ideja govornog stiha dâ se analizirati na primeru pesme „Usamljene žene" (*Gledajući knjige*). Naslov je deo pesme, a mali kvazi-prolog uvodi naratorku, napuštenu ženu. Jedna gotovo arhetipska situacija priča se posredstvom glasa u prvom licu o tome kako se oseća napuštena žena. Napetost između navodne ispovesti (nečeg što protagonistkinja govori iz iskustva) i tipičnih misli i situacija, gradi ovu naraciju. Jastvo (subjekt pesme) u mnogim pesmama Nine Živančević je persona u modernističkom smislu, ali „kontaminirana" idejom autentičnog svedočanstva konfesionalne poezije (jastvo je subjekt koji govori direktno o svom životu). Persona se može definisati kao lik (ili u jejtsovskoj terminologiji Maska) koji kroz pojedinačno demonstrira univerzalno. U ovoj pesmi kvazi-ispovest se kreće ka parodiji: od konstatacije da je „on" „bio nezreo", da „svakom ljudskom biću prija mala nežnost", do toga da je „ona" uživala skoro tri godine s njim, i da je „on" ipak ostavio, do završetka: „dala sam mu najbolje godine života" i „bio je moja pretposlednja šansa"; a „kad se konačno iselio / bio je jučerašnja podgrejana supa". Tipične fraze-klišei uvedeni u pseudoispovest stvaraju jaz u koji se smešta parodija, kao jedan od konstitutivnih elemenata ove pesme.

Eksperimentišući sa varijantama stihovnih dužina, tonaliteta i sadržaja, američki pesnici su od pedesetih godina iznalazili najrazličitije oblike stiha. To iskustvo implicitno je i podrazumeva se u poeziji Nine Živančević. Analiziraćemo ukratko nekoliko primera iz zbirke *Duh renesanse*.

> „Ustani rano. upali cigaretu. počisti kuhinju.
> zamrzni duh u autobusu. vredno radi. iznutra
> plači." („Dan svih svetih")

Semantički smisao koji protiče rečenicom zaustavljen je tačkama, pri čemu se formiraju manje sintaksičke (smisaone) jedinice, koje se doživljavaju kao celine (zasebne rečenice). Na taj način se postiže ritam pesme: gramatika postaje prozodija.

> „Ovo je tvoja poslednja pesma.
> Ovo je zaista poslednja pesma za tebe.
> Šest sati je, jutro
> i moja konačno poslednja pesma za tebe."
>
> („Blistava zvezda")

Jedna osnovna semantičko-sintaksička jedinica se varira, proširuje drugim sintagmama ili pojedinačnim rečima. Ritam se postiže ponavljanjem istih reči ili sintagmi, a ponavljanja i varijacije se prekidaju unošenjem stiha, koji ne sadrži ponavljane sintagme ili reči.

Varijantni postupak:

> uzamljene godine nestaće
> gladne godine nestaće
> godine izluđene svakodnevnim jadikovkama
> nestaće („Odsutnost")

Stih je vizuelno (razmakom, praznim prostorom) podeljen na dva dela. Na levoj strani stihovi variraju: jedna reč (godine) je konstanta, ostale reči su varijabile, dužina stihovnog dela takođe varira. Na desnoj strane je konstanta (reč: nestaće). Ritam stiha se postiže odnosom varijabila i konstanti, kako unutar jednog segmenta stiha, tako i u odnosu na ovaj „raspolućeni" stih u celini. Razmak funkcioniše i kao cezura i znači novu smisaonu celinu i može se shvatiti kao prekid protoka stiha (pauza) u smisaonom i sintaksičkom smislu.

> „Ničeg uzvišenijeg ni ljupkijeg od tebe dok
> počivaš raskriljen na svom krevetu koji
> pripada Viliju, mačku, ali koji prihvata i
> tebe i mene s podjednakom radošću ..."
> („Dvostruki san")

Slobodni stih u tipičnom obliku. Kvazi-narativna struktura teče, svaki stih je smisaona jedinica, a prenošenje smisaone jedinice u novi stih prekida smisaono-sintaksički protok, određujući ritam stiha.

U poslednjem odeljku zbirke *Pesnički divan*, pod naslovom „Rituali" svaka pesme se grafički oblikuje. Stihovi ne počinju od izravnate desne margine, već se svaki stih smešta u odnosu na sredinu stranice. Pošto stihovi variraju po dužini, dužina stiha određuje vizuelnu, grafičku, konfiguraciju pesme. Značenja se smeštaju u igri između kvazi naracije (sila naracije teče i nešto nam govori — varijabila) i konstanti — reči ili sintagma koje se ponavljaju i ometaju nesmetani protok naracije, dajući ritam pesmama:

> udišem vazduh udišem plavo udišem crne rupe
> udišem zeleno udišem tirkiz zeleni tirkiz vode
> ali se dovod vazduha prekida pogledaj cev prekida
> otiče tečnost ja bljujem vodu rigam vatru
> nastupam u ružičastom rukujem se sa plavim
> („Veliki debeli plivač kroz mutne vode")

U pesmi „Pogledah u sunce, pretvorilo se u zlato" (*Duh renesanse*) većina stihova počinje sintagmom: „Sećam se". To pesmi daje ritam. „Sećam se" signalizira ispovednu pesmu, ali se prevara u retoričku figuru, središte koje generiše strukturiranje smislova, koji se razvijaju u različitim smerovima.

Poema „Bila sam ratni izveštač iz Egipta" (zbirka *Pesnički divan*) sve ove postupke kombinuje. Tematski, propadanje Trećeg sveta postavljeno je nasuprot opuštenosti Prvog sveta. Tu se smešta politička dimenzija poeme. Opisi drevne lepote i sjaja Bliskog Istoka mešaju se sa opisima savremene civilizacije. Dubinska struktura poeme gradi se na paradigmi „Puste zemlje" i „Četiri kvarteta" T. S. Eliota. Poema Nine Živančević u okviru savremene srpske poezije postavlja pitanje duge narativne pesme. Lirska paradigma, dominantna u srpskoj poeziji neguje kratke narativne lirske pesme. Duga narativna pesma, kojoj naša lirska paradigma u ovom vidu nije sklona, omogućava pesnikinji inkorporiranje mnoštva tematskih i stilskih karakteristika. Smenjuju se dugi i kratki stih, lirski pasaži se smenjuju sa epskim narativnim delovima, itd. Sadašnjost (najčešće sa negativnim predznakom — zapadna civilizacija je „bez duše") suprotstavlja se duhovnom idealu slavne prošlosti (Istok) koja svetli u tami sadašnjosti. Vreme je (eliotovski) večno prisutno u „nepokretnoj tački“: pesnikinja piše „o civilizacijama koje dolaze i odlaze, / nestaju ali su uvek tu“.

Zaključak

Pesme Nine Živančević od početka do kraja osamdesetih, nastale su u sprezi sa kontekstom američke pesničke scene. Pesnikinja uglavnom živi između Beograda i Njujorka. Alena Ginzberga smatra svojim učiteljem, a u vezi je i sa drugim pesnicima prve, druge ili treće generacije pesničkih škola nove američke poezije, čiju poeziju prevodi. Nova američka poezija od kraja sedamdesetih postaje kodifikovana pesnička paradigma. Osamdesetih godina, s druge strane, u okviru bivše jugoslovenske i srpske pesničke scene, nove generacije svoju poeziju ispisuju u miljeu dve dominantne, paralelene, pesničke paradigme. Pesnici jedne paradigme opevali su urbane, gradske pejzaže, negujući kritički odnos prema socijalističkoj stvarnosti. Pesnici druge paradigme delovali su u okviru neoavangardnih i postavangardnih pesničkih konteksta. Pesnici osamdesetih na različite načine kombinuju ove dve pesničke paradigme, pri čemu je karakteristična semantizacija formalih neoavangardnih postupaka. U osamdesetim zemlja se otvorila zapadnom svetu. Svet je otvoren i dostupan, i jezik je otvoren. U kulturi se podrazumeva da je pesničko delo artefakt odvojen od stvarnosti (autonomna književna činjenica). Poezija Nine Živančević deo je tog opšteg miljea. Pesnički subjekt iz socijalističke nesvrstane zemlje, živi u razvijenoj postkapitalističkoj Americi. Mada su svetovi odvojeni, kulturološka razlika ne čini se kao nepremostivi jaz. Izgleda kao da nas samo korak deli od preobilja tržišne ekonomije razvijenih zapadnih društava. Subjekt pesama Nine Živančević živi u tom preobilju znakova i značenja i otkriva ih. Poezija novih Amerikanaca bila je pedesetih i šezdesetih godina subverzivna. Kao relativno stabilna paradigma, od kraja sedamdesetih, estetizuje se i pesnicima pruža mnoštvo postupaka i sadržaja. U ranijim zbirkama Nine Živančević svetovna paradigma je dominantna (Ginzberg je proklamovao da je sve sveto, od uzvišenih do banalnih stvari). U poslednjim zbirkama Nine Živančević dolazi do promena. Promene su u saglasju sa političkim promenama na relaciji komunistički Istok — kapitalistički Zapad, a uslovljene su i pesnikinjinim prelaskom u Evropu (poslednjih godina ona živi u Francuskoj). Znaci tu imaju svoju mračnu istoriju. Poslednja objavljena zbirka Nine Živančević zove se *Minotaur i lavirint*. Svet je lavirint značenja koja imaju svoju istorijsku težinu. Rasno, etničko, istorijsko isplivava na površinu. Istorija postaje predmet ove poezije.

Liretarura:

— Nina Živančeviće, zbirke pesama: *Pesme*, Nolit, Beograd, 1983; *Mostovi koji rastu*, Nolit, Beograd, 1985; *Gledajući knjige nezavisnih izdavača*, Narodna knjiga, Beograd, 1988; *Duh renesanse*, Prosveta, Beograd, 1989; *Pesnički divan*, Braničevo, Požarevac, 1994; *Minotaur i lavirint*, KOV, Vršac, 1996.

— Alen Ginzberg, *Urlik uma — izabrane pesme 1947-1980*, izbor, prevod i napomene Vojo Šindolić:, DOB, Beograd, 1983.

— T. S. Eliot, *Izabrane pesme* preveo Ivan V. Lalić, BIGZ, Beograd, 1978.

— Šarl Bodler, *Cveće zla — Pariski splin — O pesničkoj umetnosti*, Cveće zla preveo Branimir Živojinović, SKZ, Beograd 1975.

— James E. B. Breslin, *From Modern to Contemporary — American Poetry, 1945-65*, The University of Chicago Press, Chicago and London, 1984.

— Hugo Friedrich, *Struktura moderne lirike*, drugo izdanje, preveli Truda i Ante Stamać, Stvarnost, Zagreb.

— J. M. Lotman, *Struktura umetničkog teksta*, preveo Novica Petković, Nolit, Beograd, 1976.

— Viktor B. Šklovski, *Uskrsnuće riječi*, Stvarnost, Zagreb, 1969.

FEMINIZAM I POEZIJA U OPUSU
PESNIKINJE RADMILE LAZIĆ

Ovaj kratki tekst o poeziji Radmile Lazić pisaću imajući na umu različite feminističke teorijske sisteme, razvijane od sedamdesetih godina 20. veka do danas (od ginokritike, preko feminističkog poststrukturalizma do lokacionih feminizama[1]). Neću se usredsrediti samo na autorkinu poeziju, već i na širi kontekst u kojem je nastala. Smatram da izdvojeno tumačenje autorskog korpusa jedne pesnikinje ili pesnika, više nije moguće bez uvida u širi krug njihovog delovanja. Poezija je istorijska pojava. Ona se vremenom menja, što će biti naznačeno u opusu pesnikinje koju razmatram. Moram da istaknem i to da više ne postoji jedan privilegovani interpretativni model koji omogućava samoproklamovanu neutralnu poziciju interpretatora/interpretatorke. Pozicija interpretatorke /interpretatora nikada nije neutralna, već je određena njenim/njegovim institucionalnim statusom u određenim društvenim uslovima i rasporedima društvene moći.

Nakon kratkog uvida u rani opus Radmile Lazić, usredsrediću se na zbirke *Priče i druge pesme* i *Doroti Parker bluz.*

Početak spisateljske karijere

Radmila Lazić se kao pesnikinja formirala sedamdesetih godina 20. veka u okviru beogradske urbane pesničke forma-

---

[1] Mislim na autorke kao što su Ilejn Šouvolter (Elaine Showalter), Suzan Gubar (Susan Gubar) i Suzan Gilbert (Susan Gilbert), zatim Džudit Batler (Judith Butler), Džejn Fleks (Jane Flax), Suzan Stenford Fridman (Susan Stanford Friedman), En Bruks (Ann Brooks), itd.

cije koju su neki kritičari nazivali „kritičkom poezijom", dok su drugi upotrebljavali naziv „veristička poezija"[2]. U toj izrazito muškoj formaciji delovali su nešto stariji Milutin Petrović, zatim Novica Tadić, Duško Novaković, Slobodan Zubanović, Ljiljana Đurđić i mnogi drugi.[3] Pesnikinje su bile u manjini. Ova činjenica ne iznenađuje, jer je, kao što to primećuje američka feministička jezička pesnikinja Rejčel Blau Duplezi, institucija poezije obeležena rodom, a muški pesnički glas zadobio je status neutralnog, univerzalnog glasa poezije.[4]

U istorijama književnosti, antologijama i kritičarskim tekstovima, ova beogradska pesnička scena je centrirana kao dominantan tok srpske poezije. Ona nastavlja tradiciju modernizma, koji se, kada su ovi pesnici i pesnikinje u pitanju, realizuje u okvirima jedne socijalističke samoupravne zemlje (SFRJ). Pesnici razvijaju modernu poeziju kolokvijalnog idioma, koja je, konstrukcijom slika, upotrebom jezika svakodnevice, ukazivanjem na fragmentiranost ljudskog iskustva, gusto postavljenim metaforama i narativnim opisima, težila da prikaže svakodnevno iskustvo. U središtu pažnje bila je kritika birokratizovanog, otuđenog ponašanja ljudi u uslovima samoupravnog socijalizma. Kritika se odvijala na nivou naracije. To je značilo da autori i autorke nisu dovodili u pitanje dominantno shvatanje da je jezik proziran medij koji govori o nekoj realnosti koja postoji izvan jezika i prethodi mu. Krajem osamdesetih i početkom devedesetih, Radmila Lazić, kao i većina pesnika i pesnikinja njene generacije prihvata postmoderni retrogradni manir pisanja, vidljiv u knjizi *Istorija*

[2] Videti moj tekst »Radmila Lazić: Od kritičke do narativne poezije«, u: *ProFemina*, br. 25-26, proleće/leto 2001, str. 77-85.

[3] Videti Jasmina Lukić, *Drugo lice – Prilozi čitanju novijeg srpskog pesništva*, Prosveta Beograd 1985. i Aleksandar Petrov, *Krila i vazduh – ogledi o modernoj poeziji*, Narodna Knjiga, Beograd, 1983.

[4] Videti Rachel Blau DuPlessis, *The Pink Guitar – Writing as Feminist Practice*, Routledge, New York London, 1990.

melanholije.[5] Autorka se vraća predmodernističkoj pesničkoj tradiciji koja idealizuje prirodu. Za zbirku su važni pojmovi melanholija i naglašena sentimentalnost, čime se postavlja nasuprot tradiciji modernizma. Ali u toj zbirci nalazi se i pesma „Žensko pismo", koja nagoveštava u kom pravcu će se autorka dalje razvijati. Pesma ne nastaje u praznom prostoru, jer se od početka osamdesetih godina pojavljuju tekstovi i temati posvećeni ženskom pismu.[6]

Tokom 1994. godine Radmila Lazić sa grupom autorki (Svetlana Slapšak, Ljiljana Đurđić i Dubravka Đurić) pokreće časopis za žensku književnost i kulturu *ProFemina* (izdavač Radio B92). Uređivanje časopisa omogućilo je pesnikinji da postane arbitarka kulture. Ona je sa ostalim urednicama sprovodila određenu kulturnu politiku, što je malom broju žena u srpskoj kulturi omogućeno. Uređujući časopis urednice su i same intenzivno učile o feminističkim teorijama, u rasponu od angloameričke ginokritike do francuskih feminističkih teorija.

Radmila Lazić se u javnim istupanjima i u tekstovima koje objavljuje u *ProFemini*, ali i u drugim glasilima, izjašnjavala kao feministkinja i zalagala se za veće prisustvo autorki na književnoj sceni. To je bio mikrokulturološki okvir u kojem je njena poezija krenula drugim tokom u odnosu na poeziju njenih vršnjaka sa čijim je radom njen rad do tada bio u interakciji. Pokretanju časopisa prethodilo je učešće ove autorke u antiratnim manifestacijama. Februara 1992. godine, Radmila Lazić je bila jedna od osnivačica Civilnog pokreta otpora, učestvovala je u

---

[5] O ovoj zbirci videti u knjizi Bojana Stojanović Pantović, *Nasleđe sumatraizma – Poetičke figure u srpskom pesništvu devedesetih*, Rad, Beograd 1998.

[6] Videti temate: »Žensko pismo«, priredila Slavica Jakobović, u: *Republike*, br. 11-12, Zagreb 1983, »Feministička Gledišta i gledišta o feminizmu«, priredila Daša Duhaček, u: *Gledišta*, br. 1-2, Beograd, 1990. i knjigu Nada Popović Perišić, *Literatura kao zavođenje*, Prosveta, Beograd 1988.

svim građanskim demonstracijama od 1990. godine, u antiratnim akcijama od 1991. (paljenje sveća za poginule u ratu, crni flor za sve poginule, akcije protiv opsade Sarajeva, bombardovanja Dubrovnika, itd). Prepiska između zagrebačke teoretičarke Rade Iveković, beogradske dramske spisateljice Biljane Jovanović, slovenačke spisateljice Maruše Krese i beogradske pesnikinje Radmile Lazić, u čijem je središtu antiratna tematika, objavljena u knjizi *Vjetar ide na jug i obrće se na sjever*.[7]

Nakon višegodišnjeg uređivanja časopisa *ProFemina*, krajem devedesetih godina Radmila Lazić uređuje antologiju pesnikinja pod naslovom *Mačke ne idu u raj – antologija savremene ženske poezije*.[8] U njoj ova autorka konstruiše jednu moguću tradiciju autorki, koje su pisale i pišu urbanu poeziju, nasleđujući eksperimentalne, visokomodernističke, umerenomodernističke i postmodernističke pesničke prakse. Antologičarka u predgovoru ističe da je iz izbora izostavila autorke, koje se oslanjaju na antimodernističke pesničke formacije. Antologija je pokazala da od sedamdesetih godina postoji značajna pesnička scena urbane poezije koju pišu pesnikinje, a koja je u antologijama dominantnog toka marginalizovana ili potpuno zanemarena. U „Predgovoru" R. Lazić piše:

> „Stvaralaštvo pesnikinja koje se ovde predstavlja odvija se van dominantnih poetičkih struja, koje su poslednjih decenija u mnogome određene restauracijom patrijarhalnih odnosa, novim konzervativizmom u društvu i kulturi koji se na literarnom planu odražava reafirmisanjem tradicionalističkih pesničkih formi i arhaizacijom jezika ali i obnavljanjem neosimbolističke prakse 'povratkom metafizici', 'mističnom iskustvu poezije' i 'orfejskoj' ulozi pesnika. Takođe, ove pesnikinje se nalaze izvan institucija kulturološke moći,

---

[7] Izdanje Apatridi, Radio B92.
[8] Radmila Lazić, *Mačke ne idu u raj – antologija savremene ženske poezije*, Samizdat Free B92, K.V.S. Beograd 2000.

budući da se ne nalaze u uredništvima izdavačkih kuća i književnih časopisa (osim u časopisu za žensku književnost), ni u jednom književnom žiriju, njih nema među dobitnicima prestižnih nagrada i, možda baš zato, poezija ovih pesnikinja nosi jedinstvenu pesničku energiju nesklonu podražavanju dominirajućih i forsiranih pesničkih trendova."[9]

U ovoj antologiji ženska književna tradicija je oformljena primenom principa angloameričke ginokritike. Ginokritičarke poput Ilejn Šouvolter, Suzan Gubar i Suzan Gilbert su smatrale da postoji nevidljiva ženska spisateljska tradicija. Beogradska ginokritičarka Biljana Dojčinović Nešić navodi reči Ilejn Šouvolter, koja objašnjava ginokritiku „kao vrstu feminističke kritike koja proučava 'ženu kao proizvođača smisla teksta, istoriju, teme, žanrove i strukture književnosti koju su pisale žene'".[10] Engleska ginokritičarka Helen M. Denis piše da:

„Ginokritičarka traga za mogućnošću da definiše alternativnu tradiciju ženskog pisanja u čijem središtu će se nalaziti žena. Ona traga za svojim pretkinjama; ona sledi tragove neprekinutosti i odnosa između autorki; ona ustanovljava opisan pregled stalno prisutnih tema u ženskom pisanju koje govore o ženskom iskustvu, i pokušava da vrednuje i da prioritet aspektima ili percepcijama ženskog iskustva koje se njoj i drugim ženama čini marginalizovano ili zanemareno preovladavanjem konvencionalnih, muških književnih tradicija."[11]

Autorke iz različitih perioda povezuje žensko životno iskustvo, koje se, po ginokritičarkama može iščitati iz njihovih

[9] Ibid, str. 7.
[10] Biljana Dojčinović Nešić, *Ginokritika — Rod i proučavanje književnosti koju su pisale žene*, Književno društvo »Sveti Sava«, Beograd 1993., str. 51.
[11] Helen M. Denis, »Edrijen Rič – Podizanje svesti kao poetski metod«, prevod Ana Gorobinski, u: *Ovdje*, br. 355-360, str. 37.

književnih strategija i tema kojima se bave. Imajući na umu ove postavke, R. Lazić u izbor uvrštava samo urbane pesnikinje. U prikazima ove antologije mnogi kritičari i kritičarke smatrali su da je ovaj njen aspekt najproblematičniji. Oni su zastupali stanovište dominantne (mainstream) kritike da je književnost jedne nacije organska celina i da u njoj moraju da budu zastupnice svih poetičkih opcija.[12] Nasuprot tome, antologičarka je izdvojila urbanu, kolokvijalnu poeziju, da bi učinila vidljivim ne samo stvaralaštvo žena, već i tradiciju urbane moderne i postmoderne poezije, koju su retrogradne devedesete u Srbiji u potpunosti marginalizovale.

Podizanje svesti i konstrukcija ženske samosvesti

Paralelno gore opisanim aktivnostima Radmile Lazić nastala je zbirka pesama *Priče i druge pesme* a kasnije i *Doroti Parker bluz*. Obe su realizovane kao jedinstveni feministički projekti. I mada svaka pesma u njima može da funkcioniše i odvojeno kao celina za sebe, ona je deo celine zbirke. Mnogi kritičari su u proteklom periodu zanemarivali feminizam kao važan aspekt ove poezije. Drugi su ga pominjali, ali su se odmah ograđivali da je to ipak za samu poeziju sporedno, jer autorka pre svega piše dobru poeziju. Nasuprot tom stavu, smatram da su feministički teorijski koncepti suštinski i konstitutivni element poezije Radmile Lazić.

Priče i druge pesme

U antologiji ženske poezije, Radmila Lazić je konstruisala jednu moguću tradiciju pesnikinja, različitu od dominantne

---

[12] Videti polemički tekst Ljiljane Đurđić, »Šta fali Jerkovu da bude Skerlić«, *ProFemina* br.29-30, Beograd 2002, str. 211-214.

muške tradicije. Analogno tome, ona je u knjizi *Priče i druge pesme* konstruisala dva različita glasa, muški i ženski. Ovo odvajanje može se dovesti u vezu sa feminističkim konceptima aktuelnim u sedamdesetim i osamdesetim godinama. Tada su feminističke autorke ustanovile binarnu opoziciju žensko-muško, dajući primat prvom članu te opozicije. R. Lazić odvaja žensku sferu i žensko iskustvo i pokazuje da je ono univerzalno, u skladu sa esencijalističkim shvatanjem ženskosti, koje su zastupale feminističke teoretičarke. Po tom shvatanju žene su u patrijarhalnom društvu podređene muškarcu, i ta ih pozicija određuje više nego kategorije kao što su uzrast, klasna pripadnost, ili društveni i istorijski kontekst u kojem žive.[13] Ta binarna shema je u pesmama postavljena kao opozicija između muškog i ženskog glasa. Muškarci su, po njoj, uvek ugnjetači, oni imaju društvenu, ekonomsku i kulturološku moć. Žene, nasuprot tome, pozicionirane kao žrtve, podređene i ugnjetene. Muški glas u zbirci je arhaičniji i ta stilska odlika je pokazatelj da muški protagonista zastupa konzervativni pogled na društvo, kao i na odnose među rodovima. To je glas patrijarhalnog muškarca, koji ima status gospodara. Žena je za njega seksualni objekt, mašina koja rađa decu i onog trenutka kada prestaju te dve funkcije, ona je odbačena i prezrena. Ženski glas je potencijalno emancipatorski, obeležen savremenijom kolokvijalnijom frazom. U središtu pažnje ova dva glasa je ženska figura uhvaćena u mrežu društvenih odnosa. Poezija ove zbirke može da funkcioniše u kontekstu feminističkog projekta podizanja svesti. Helen M. Denis objašnjava da je podizanje svesti „proces uz čiju pomoć su se pojedinačne žene okupljale kako bi istražile i ponovo procenile svoje tzv. 'lično' iskustvo i kako bi razvile diskurs

---

[13] Videti knjige Susan Stanford Friedman, *Mappings – Feminism and the Cultural Geographies of Encounter*, Princeton University Press, Princeton, New Jersey, 1998. i Ann Brooks, *Postfeminisms – Feminism, cultural Theory and Cultural Forms*, Routledge, London New York, 1997.

političke kritike kojim bi razjasnile društvene, političke i ekonomske sile koje su dovele do njegovog specifičnog nastanka. Tako je pojedinačna i lična istorija dobila mesto u široj političkoj 'njenoj istoriji' (herstory) i u proisтekloj temeljnoj kritici patrijarhalne hegemonije."[14] Radmila Lazić pokazuje da je ženska pozicija u društvu i u porodici konstruisana kao podređena, inferiorna, marginalizovana, bez obzira na starosnu dob i klasnu pripadnost ženskih likova kojima se pesme bave. U mnogim pesmama glas sveznajuće pripovedačice sugestivno priča živote žena. Druge pesme konstituišu se kao pseudoispovest. Jezik je proziran i upućuje na važnost sadržaja, pleneći čitaoca i čitateljku učincima neposrednog obraćanja i konstrukcijom priče koja deluje kao autentično iskustvo. Naslov zbirke *Priče i druge pesme* određuje pesnički žanr. Strategije proznog pripovedanja, u kojem je važno ispričati priču, primenjuju se u žanru poezije, koja se često sasvim suprotno određuje kao posredan govor, koji više sugeriše nego što neposredno govori o događajima.

Doroti Parker Bluz

U zbirci *Doroti Parker bluz* sve pesme izgovara ženski lirski glas u prvom licu jednine. U pitanju su različite junakinje. Lirski glas je konstruisan kao pobunjeni glas ženskosti koji odbija da se ponaša onako kako društvo očekuje od žene. Seksualnost je i ovde u središtu pažnje. Koristeći pseudoispovedni ton Radmila Lazić se bavi društvenim, klasnim i psihološkim aspektima ženske seksualnosti. Njena poezija umetnički vešto ukazuje na jedan od osnovnih postulata feminističkog pokreta, a to je da privatno i javno nisu odvojene sfere. Junakinje polemišu sa stereotipnim osećanjima, shvatanjima i po-

---

[14] Videti belešku 11, str. 38.

našanjem. One se bune i konstruišu model ponašanja žena suprotan od uobičajenog, očekivanog i društveno poželjnog.

Retorički učinci naratorskog prvog lica jednine dovode do toga da mnogi čitaoci i tumači ove poezije ne mogu da odole a da se ne postave u položaj naivnog čitaoca, koji junakinju književnog dela poistovećuje sa autorkom. Radmila Lazić ne piše poeziju kao ličnu isposvest. Ona se u najboljem slučaju može tumačiti kao pseudoisposvet, tj. kao svesno izabrani stil pisanja koji ima nameru da deluje kao da je iskren, neposredan i istinit.

Pesme u zbirci *Doroti Parker bluz* su izrazito melodične. Organizacijom jezičke građe one se približavaju baladama. Dok ih čitate, imate utisak da bi se lako mogle ukomponovati. Tako je odrednica bluz u naslovu dobro žanrovski odabrana. Pesme se bave društvenom konstrukcijom ženske privatnosti, a osnovna odlika pesama jeste muzikalnost.

KONFLIKTI LIRIKE I POEZIJE

IZVOĐENJE ONTOLOGIJE I TRANSCENDENCIJE;
HIBRIDNI IDENTITETI, NOMADSKI SUBJEKTI
I NOVE PESNIČKE PRAKSE

Knjige poezije pesnikinja i pesnika, koje se pojavljuju od druge polovine devedesetih godina u Srbiji, pokazuju da je nakon dugo vremena nastupila zanimljiva pesnička generacija. U toj generaciji po prvi put su brojnije pesnikinje. Izdvojila sam nekoliko autorki čiji ću rad interpretirati sa aspekta poststrukturalističkih teorija, dekonstrukcije, feminističkih teorija, teorija roda, teorija medija, studija kulture.

Polazim od uverenja da jezik nije neutralni medij koji oblikuje značenja o svetu koji postoji izvan njega. Jezik je konstitutivan za samo značenje. Umetnost nije kopija stvarnosti, već je specifično društveno konstruisano prikazivanje (representation). Pojmovi kao što su inspiracija, stvaralački genije, uzvišeno, transcendentno, lepota, koji se u zapadnoj tradiciji tumače kao univerzalni i po sebi podrazumevajući, nastali su u specifičnim istorijskim i društvenim kontekstima. Oni ne važe, kao što evropocentrični um predstavlja, u svim vremenima i na svim prostorima. Zastupam stanovište da su jezičke prakse društvene materijalne prakse, i da su značenja koja proizvodi umetničko delo, istorijski određena i da se mogu razumeti iz društvenog i istorijskog konteksta u kojem nastaju. Pesnički tekst je intertekstualan, jer uspostavlja dijalog sa drugim tekstovima kulture. Zanimaju me tekstovi kulture u odnosu na koje se uspostavljaju prakse novih pesnikinja/pesnika. Baviću se statusom subjekta konstruisanog i izvedenog u pesmama, problemima prozirnosti i neprozirnosti jezika kao umetničkog medija poezije. Zanimaće me politika roda i politika identiteta, pesničke strategije i taktike koje autorke i autori aktiviraju pesničkom produkcijom, kao i odnos prema novim medijima i popularnoj kulturi.

Pesničke strategije i taktike

Pesničke prakse nove generacije uspostvaljaju se s obizrom na četiri umetničke pozicije:

1. Poezija se određuje kao polje visoke kulture, polje konstruisane transcendencije i metafizike, odvojeno od popularne kulture, politike, ekonomije i ideologije.

2. Poezija se određuje kao polje prikazivanja ili zastupanja svakodnevice. Svakodnevica u lirskoj epifaniji, u krajnjem ishodu, vodi transcendenciji.

3. Poezija se određuje kao polje istraživanja hipoteza subjektivnosti i identiteta, ali se pesme ujedno mogu kretati ka teorijskom interpretiranju i medijskom zastupanju.

4. Poezija se određuje u smeru izvođenja i sprovođenja političkog i feminističkog aktivizma. Ona može biti u funkciji aktivizma, ili se aktivizam može inkorporirati na nivou poetski transgresivnih konstruisanja subjektiviteta, heterogenih identiteta i poetičkih koncepata.

Terminološki i paradigmatski ću razdvojiti poeziju kao koncept lirske pesničke prakse i kao pesničku praksu.

Lirska pesnička praksa proizvodi ili sugeriše lirski subjekt kao konzistentno i koherentno „ja" koje prethodi pesničkom glasu. Lirska praksa je zatvorena u sistem književne i, svakako, političke tradicije umerenog modernizma ili postmodernizma. Privatna ili intimna sfera lirskog subjekta je konstruisana tako da transcendira svakodnevicu u obrtu pojedinačnog u univerzalno.

Terminom pesnička praksa označiću koncept poezije u kojoj subjekt nije konstruisan kao konzistentan i koherentan, odnosno, kao prethodeći poeziji. Subjekatska pozicija pesničkog subjekta pokazuje se kao nestabilna i otvorena. Subjekt je hibridan i nomadski. Strategije i taktike popularne kulture (spektakla, filma, video spotova, internet slika, reklama, itd) u ovom modelu se preuzimaju i unose u domen visoke kulture. Pesnička praksa uspostavlja relacije sa savremenim teorijama (dekonstrukcijom, teorijama roda, kiberfeminizmom, studijama kulture, itd). Ona se realizuje i u relaciji sa umetničkim jezicima i koncepcijama visokog modernizma i avangadnih pravaca 20. veka.

Moje istraživanje poetičkih opusa obuhvatiće mlađe autore koji se izdvajaju jasno profilisanim lirskim ili pesničkim pozicijama u aktuelnoj kulturi.

Interpretacije

U prvoj knjizi *Vertikalni horizont* (2002) DANICA PAVLOVIĆ (1976) se bavi prikazivanjem svakodnevice. Pesma „Kameno meso", na početku zbirke, funkcioniše kao pesnički program. Ona ukazuje na prostor koji lirski spaja potencijalno večno sa prolaznim. Naslov zbirke sugeriše kretanje od obećane vertikale koja zastupa metafizičko (onostrano, suštinu, transcendenciju), ka horizontu, horizontali, koja kao da upućuje na svakodnevno, i obrnuto. Njeno bavljenje temom ljubavi je referiranje ka kompleksu izvođenja transcendentnosti, jer pesnički konstruisano sublimno uobičajeno vodi ka potencijalno transcendentnom. Autorka piše u okviru lirske paradigme. Njene pesme projektuju binarne suprotnosti utemeljene u zapadnoj civilizaciji (horizontala-vertikala, muško-žensko, duhovno-materijalno). Koristeći prvo ili drugo lice jedine ženskog roda, ili treće lice množine, ona prikazuje žensku melanholičnu žudnju. Glas naratorke (tj. lirskog subjekta u ženskom rodu) u dijalogu je sa zamišljenim „ti", koje je „on", sagovornik, ali dijalog se odvija i sa čitaocem i čitateljkom. Njena lirska ženskost je relaciona i oblikuje se u odnosu prema hipotetičkoj lirskoj 'muškosti'. Drugim rečima, konstruišući melanholični ženski lirski subjekt, autorka prikazuje ženski narcizam, koji postoji u odnosu na „ti", na muškarca. Govor lirskog glasa je zatim upućen i čitaocu, koji se može poistovetiti sa muškim likom i čitateljki, koja se može poistovetiti sa ženskim glasom izvedenim u pesmi. Post-romantičarski motivi ljubavne čežnje dati su savremenim, kolokvijalnim jezikom i slobodnim stihom. Motivi variraju između slika grada i slika prirode. Funkcija slika prirode jeste da stvore idealizovano mesto izvan društvenih sukoba i praksi. Poezija se predočava kao povlašćeni prostor koji omogućava opstanak u otuđenosti urbane svakodnevice. Lirika Danice Pavlović se intencionalno upisuje u ženski pesnički kontekst, projektovan, na primer, u antologiji Radmile Lazić *Mačke ne idu u raj*. Paralele (kontekstualne i poetičke sličnosti i razlike) bi se mogle uspostaviti između njene poezije i poezije pesnikinje srednje generacije Jelene Lengold. Obe se bave temom ljubavi, ali u okviru drugačijih poetičkih i društvenih formacija. U periodu poznog socijalizma (osamdesete godine 20. veka), Jelena Lengold koristi mitološki postupak, razvijen u visokom modernizmu. Mitske figure žena iz evropske tradicije u njenoj poeziji postaju protagonistkinje savremene scene. One predstavljaju arhetipske, univerzalne tipove žena u transistorijskim i transgeografskim situacijama. Vremenska distanca koja odvaja prošlost od sadašnjosti nestaje. Danica Pavlović se u periodu lokalnog postkomunizma (kraj devedesetih) usredsređuje na trenutke epifanije u sadašnjosti. Strategije i taktike narativne lirike, koja teži proznom diskursu, transformiše i kontroliše lirskom atmosferom.

DINA VUKOVIĆ (1982) u zbirci *Samuraj* (2002) piše lirsku poeziju koja se izvodi kao artificijelni sublimni ili sakralni prostor. Izraženo dočaravanje vizuelnosti u pesamama oblikovano je u relaciji s iskustvom nadrealizma, posredovanog modernističkim modelom lirskog vitalističkog pesništva pedesetih i šezdesetih godina. Za razliku od Danice Pavlović, kod koje je narativna fraza uvek data u slobodnom stihu, Dina Vuković povremeno, diskretno i efektno upotrebljava rimu. I ova autorka koristi savremeni jezik, koji nije opterećen arhaizmima. Obe autorke se bave prikazivanjima i zastupanjima ženskosti. Kod Danice Pavlović ženskost je posredovana opisima svakodnevice, odnosom „ja" i „ti". Dina Vuković se bavi simboličkom predstvom ženskosti posredstvom univerzalnih simbola (mesec, okean, zvezde). Melanholija se generiše iz neizrečenog ali prisutnog osećanja da pesnički jezik i dalje kao da ima magijsku moć u poznom dobu kulture, obeleženom tehnološkim ambijentom koji redefiniše polje realnog. Tako konstruisana poezija projektuje nadu u postojanje transcendencije, koja „nehumanoj", otuđenoj savremenosti daje univerzalni, humanistički smisao. U poeziji Dine Vuković konstruiše se dijalog protagonistkinje sa samom sobom. Žensko „ja" se odnosi prema privatnoj i intimnoj sferi, transcendira je i upisuje se u simbolički poredak koji kao da prevazilazi ljudsko. Pesnikinja kao da ima dvostruki odnos prema kulturom ustaljenim simbolima ženskosti i muškosti. Zato se lirsko ja „mačuje" „sa srebrnim mesecom/ pred srebrnim ogledalom / u srebrni čas" („O zvezdama"). I poezija Dine Vuković izgrađuje smisao konstruišući binarne suprotnosti (sunce i mesec, dan i noć). Za nju je poezija tajanstvena delatnost, područje magije jezika. Jezik treba da dosegne, ili pre da nagovesti Tajnu. Njena poezija se oblikuje pod uticajem simbolističkih poetika. Ova autorka, kao i Danica Pavlović ili Radojica Bunčić, izvode lirsko ja kao koherentni lirski subjekt. One daju prednosti glasu, a ne pismu. Možemo govoriti o metafizici prisustva, jer dok čitamo njihovu poeziju, dobijamo utisak da nam se artikulisani lirski glas obraća neposredno i iskreno. Ovaj glas kod Dine Vuković traga za svojim duhovnim (onostranim) identitetom. Ženski subjekt se upisuje u veliku hegemonu mušku tradiciju univerzalnog Subjekta. Nekada je ovu taktiku primenila pesnikinja Vesna Parun prevazilazeći socijalistički realizam. Socijalistička stvarnost se tada transcendirala i upisivala, ali kao Druga, u univerzalizam kulture zapadnog kruga. U slučaju Dine Vuković, postsocijalistička stvarnost se prenosi i upisuje, ponovo kao Druga, u univerzalistički sistem vrednosti zapadnog kruga. Za D. Vuković poezija je i polje bajkovitog, što nagoveštava uticaj tradicije Vaska Pope. Jezik njene poezije se upisuje u pesnički logocentrični diskurs. Žensko ja se upisuje u univerzalno ja, koje su konstruisali pesnici i kritičari koji su oblikovali pesničku tradiciju na način muškarca. Ova autorka u poslednje vreme, tokom javnog izvođenja svoje poezije, repuje pesme i na taj način se kreće ka domenima popularne kulture.

Prvu zbirku, *Duboki kontinent* (2000) ANA SEFEROVIĆ (1976) ispisuje slobodnim stihom i kolokvijalnom frazom. Ona konstruiše fikcionalni ambijent ispunjen osećanjima ravnodušnosti, dosade i rezigniranosti u razorenom svetu postkomunizma. Pesnikinja projektuju figuru ženskog subjekta, koji postaje, autorka objašnjava, predmet, jer je životni prostor sužen, omeđen siromaštvom i političkim pritiscima. Jezik je precizan, otuđen, dok projektuje opise ideoloških strukturacija svakodnevice. Njen kritički odnos prema društvu mogao bi se uporediti sa stavom kritičke poezije beogradskog pesničkog kruga iz sedamdesetih i osamdesetih godina (Zubanović, Novaković, Radmila Lazić, Ljiljana Đurđić). U kasnije nastaloj dugoj pesmi „Vetar gaziran lišćem", autorka se kretala ka jezičkom minimalizmu, ka pročišćenijoj jezičkoj frazi, na tragu reduktivnog visokog modernizma. Nakon toga, u poslednjim pesmama čitanim u Ažinu (Asocijacija za žensku inicijativu), tokom 2003. godine, ženske figure se tretiraju sa prenaglašenim cinizmom. Cinizam, kako je pesnikinja objasnila, sadrži i autocinizam. U pesmama se gotovo naturalistički konstruišu figure žena u probuđenom malograđanskom postkomunističkom društvu, koje ih svodi na predmete.

U prvoj knjizi *Slika jedne slagalice* (2001), TAMARA ŠUŠKIĆ (1981) se bavi konstrukcijom i izvođenjem ženskosti u poetskom diskursu iz perspektive ženskog i iz perspektive muškog pesničkog glasa. Pesme konstruišu „ja" koje govori u prvom licu jednine ženskog roda ili govornik izgovara pesmu u kojoj prikazuje žensku figuru iz pozicije koja bi se mogla iščitati kao muška pozicija. Prva zbirka ukazuje na decentriranost ženskosti konstituisane u visokoj modernističkoj književnosti. Autorka koristi slobodni stih, ali njene pesme dobijaju poseban ritam ponavljanjem reči i fraza. Ritam se zatim markira drugačijim rasporedom reči na stranici papira, koje odstupaju od uobičajenog i jednoličnog ređanja stihova sa pravilnom levom marginom. Pesnikinja se poigrava, manipuliše, načinima prikazivanja ženske seksualnosti, koja je nekad bila privilegovano mesto dominantnog muškog pesničkog diskursa. Sada poezija postaje privilegovano mesto ženskog pesničkog diskursa. T. Šuškić se bavi erotizovanim slikama ženskosti, stvorenim u visokoj kulturi, u kojoj ženskost postaje sublimna. U novim pesmama erotičnost je naglašena. Njena poezija preuzima strategije i taktike proizvođenja slika ženskosti u popularnoj kulturi (film, reklama), u fotografiji i vizuelnoj umetnosti. Birajući naslov za novi ciklus *Private show,* ona ukazuje na to da konstrukcija ženskosti nastaje u interakciji javnog i privatnog diskursa. Drugim rečima, javni diskursi učestvuju u konstrukciji našeg jastva, našeg izgleda, našeg ophođenja i načina prosuđivanja. Slike ženskosti i njihova naglašena erotičnost u ovoj poeziji efekti su nemetafizičke površine. Ženskost je efekat medijskog, književnog i teorijskog diskursa prikazivanja.

Od prve knjige *Membrana ogledala* (1999) NATALIJA MARKOVIĆ (1977) izgrađuje ženski pro-feministički buntovnički pesnički diskurs. Njen diskurs istovremeno potvrđuje i odstupa od lirske paradigme. U interakciji je sa radikalnim pesničkim praksama iz istorije modernizma – sa praksama Velimira Hlebnjikova, Alena Ginsberga, Deniz Levertov, Tomaža Šalamuna, Vojislava Despotova, Slobodana Tišme. Protagonistkinja njene poezije je izvedena kao samouvereni ženski lik. On se kreće urbanom prašumom znakova kulture, koje zatim mitologizuje u ženskoj buntovničkoj imaginaciji. U novim pesmama pesnički diskurs se usložnjava. Autorka barata fragmentima diskursa savremene popularne muzike, filma, teorije, poigrava se mitovima modernizma i avangarde 20. veka. Ona poništava skalu vremena i prostorne razdaljine. Njene junakinje se kreću kroz istoriju, kao u bioskopskim filmovima u kojima su vremenske dijahronijske i prostorne ravni dovedene u istu ravan sadašnjosti. N. Marković pominje gradove Njujork, Moskvu, Beograd, Novi Sad, itd, i različite kulture (rusku, američku, slovenačku, srpsku) i dovodi ih u neočekivane interakcije. Ovo povezivanje različitih kulturnih i geopolitičkih prostora transgresivan je čin, zato što se realizuje u Srbiji krajem devedesetih godina 20. veka, koja sebe definiše kao samodovoljan, autistički prostor. Nove pesme ove autorke su duže i uvode poseban tip pesničke naracije. Naracija u poeziji Natalije Marković povremeno i neočekivano preuzima pripovedne postupke stripa, filma, video-spota. Nove pesme je moguće uporediti sa poezijom vršačke postmoderne pesnikinje Jelene Marinkov. Stihovi J. Marinkov su ispunjeni brisanim metafizičkim osećanjem i pod snažnim su uplivom popkulturalne recepcije nadrealizma. Kod Natalije Marković protagonistkinja, taj fiktivno konstruisani lik, jeste savremeni *flaneur* koji nemotivisano luta virtuelnim prostorima medijske kulture (reklame, filmovi, virtuelna realnost) i književnosti. Jelena Marinkov u poeziji stavlja naglasak na metafiziku, njeni likovi, njene slike prizivaju dubine (neki nedokučivi, univerzalni smisao). Kod Natalije Marković fikcionalne figure kreću se po površini jezika analogno likovima na filmskom platnu odnosno na televizijskom ili kompjuterskom ekranu.

SNEŽANA ŽABIĆ (1974) je objavila jednu knjigu priča (*U jednom životu*, 1996), a u rukopisu su ostale dve zanimljive zbirke pesama, *Dobro ispečen novi dan* (nastala između 1990. i 1999) i *Luda čajanka* (nastala između 1997. i 2001). Autorka sebe definiše kao feminističku aktivistkinju i u pesmama insistira na važnosti konstruisanja samosvesnog ženskog pesničkog subjekta. Protagonistkinje njene poezije uglavnom izgovaraju pesmu u prvom licu jednine. One nisu izvedene kao koherentani identiteti, već kao nomadsko, nestabilno „ja", koje se kreće stvarnim i fikcionalno konstruisanim prostorima. Mogla bi se povući analogija između protagonistkinja konstruisanih u poeziji Snežane Žabić i autorkinog nomadskog statusa (rođena u Vukovaru, tokom rata u Hrvatskoj živela u Beogradu, zatim boravi u Budimpešti, Pragu, Hanoveru, Vukovaru, i konačno u Sjedinjenim Američkim Državama). Po nomadskom iskustvu njena poezija bi se mogla porediti sa nomadskom post-beatničkom poezijom Nine Živančević, koja je delovala u srpskoj, američkoj i francuskoj kulturi, ali u drugačijim istorijskim uslovima. Iz zemlje poznog socijalizma, kakva je bila SFRJ, Nina Živančević odlazi da živi i radi u Sjedinjene Američke Države, u kojima uspostavlja razmenu sa pesnicima nove američke poezija (bit pesnici i pesnici njujorške škole). Rad Snežane Žabić nastaje u postsocijalističkim društvenim okvirima raspada SFRJ. Poezija Natalije Marković i Snežane Žabić se niz godina razvijala u međusobnoj interakciji. Obe izvode ženske figure kao herojske likove. „Herojsko" žensko lirsko ja u poeziji S. Žabić „priča" o konstruisanju nomadskog i slobodnog ženskog subjekta u fikcionalnim pustolovinama i putovanjima različitim predelima. Ova pseudo-ispovedna poezija koristi i elemente Bildung romana, jer pesničkim taktikama simulira proces odrastanja ženskog lika. Nazvaću njenu poeziju pseudo-obrazovnim, avanturističkim pesničkim *romanom*, sastavljenim od fragmetana jezika popularne kulture i masovnih medija (strip, film, rok kultura, prostori i efekti interneta i virtuelnih realnosti). Dovođenjem različitih postkomunističkih prostora (Hrvatska, Srbija, Mađarska, Češka) u vezu sa prostorima Zapadne Evrope i Amerike, nastaju složeni geopolitički i geopoetički prostori. Kao da se geopolitički prostori u jeziku poezije virtuelno preklapaju, mimoilaze, paralelno postoje, kao hipertekst. U novim pesmama pisanim u Americi na engleskom jeziku (rukopis *Billboard Oracles*), Snežana Žabić sličnim narativnim postupcima istražuje iskustvo ženskog subjekta u svetu masovne medijske kulture u kojem je fikcionalna medijska realnost realnija od realnosti. Svi jezici umetnosti su u opticaju, svi prostori kultura sa-postoje kao hiperrealnost. Konstruisan kao nomadski hibridni subjekt postkomunizma, pesnički subjekt se sada kreće postistorijskom, postkapitalističkom kulturom preobilja materijalnih i kulturnih proizvoda. Sećanja na stari svet, na svet postkomunizma, sada su daleke reminiscencije, koje kao duhovi još uvek konstituišu složeno i heterogeno iskustvo tog pesničkog subjekta.

Pesnička zbirka *Drevni dečak* (2003) IVANE VELIMIRAC (1976) je eklektična postmoderna jezička struktura koja simulira načine prikazivanja konstituisane u prošlosti. Poezija u ovoj zbirci uspostavlja metajezičke i intertekstualne odnose sa istorijom evropske književnosti. Manipulišući tehnikama prikazivanja vezanim za klasičnu književnost, ona se upisuje u internacionalni stil eklektične postmoderne, analogno, na primer, učenom, anahronim slikarstvu ili citatnoj transavangardi. Koristeći jezike istorijskih književnih stilova, Ivana Ve limirac ukazuje na to da književnost ne nastaje kao mimezis stvarnosti, već je strukturirana kao mimezis mimezisa, mimezis istorijskih stilova prikazivanja. To ukazuje i na činjenicu da je svaki tekst, a naročito onaj koji samosvesno nastaje kao mimezis mimezisa, intertekstualan, jer smislove crpi iz odnosa sa drugim tekstovima kulture. Naziv zbirke upućuje na umetničku poziciju autorke, i može se tumačiti kao jedno od važnih, a već klasičnih, postmodernih načela: sve je retro, sve je savremeno. Autorka pokazuje da je sve jezik, da stvarnost ne postoji izvan jezika, da svako znanje, svaka istorija, postoje u pisanom obliku. Manipulišući tehnikama prikazivanja u književnosti, ali i diskursima savremene teorije, ona izgrađuje pesnički diskurs koji omogućava da se uživa u moćima jezika, koji zavodi, zavodi autorku i čitatelja-čitateljku. Ovaj zavodljivi pesnički tekst ujedno je i traktat o pisanju. On se bavi mestom tekstualnosti u kulturi, statusom znanja, mišljenja, osećanja u odnosu na retoričke moći jezika. Tekstualnost je osnova znanja, kulture, civilizacije. Subjekt je tekstualna hipoteza. Autorski glas se prepušta radu jezika, a subjekt teksta konsruisan je u jeziku, u pismu. Jezik postmoderne poezije neutrališe dubinu. Ostaju površinske slike, analogne slikama na ekranu. Kod Natalije Marković i Tamare Šuškić, poetske slike su preuzete iz savremene popularne kulture (filma, video spota, itd), strategije i taktike izvođenja medijske površine kod Ivane Velimirac se primenjuju na fragmente zastupanja istorijskih pesničkih stilova. U oba slučaja dubina nestaje, ostaje glatka kao ekran, površina efekata teksta. Zbirka Ivane Velimirac bi se mogla uporediti sa zbirkom Divne Vuksanović *Madona dugog vrata* ili Dragana Stojanovića *Četiri pesme o Sl.* Zbirka D. Vuksanović simulira prostor italijanske renesanse, i opsesivno se bavi slikarstvom tog doba, ističući važnost vizuelnosti pesničkih slika. Zbirka D. Stojanovića simulira poetski svet eliotovskog modernizma. D. Velimirac simulira svet antike. Važan aspekt njenog pesničkog diskursa je pro-deridijanska rasprava o odnosu jezika i govora, prisustva i odsustva, odnosno, odlaganja u tekstualnosti.

JELENA TEŠANOVIĆ (1981) je objavila knjigu *Mogli smo jednostavno krenuti* (2002). Opisujući jednom prilikom svoj rad, izrekla je stav da je zanima uzvišeni osećaj koji se u vidu poezije može preneti na papir. Ona smatra da poezija sugeriše metafizički smisao, te tako sebe ugrađuje u tradiciju evropskog univerzalističkog diskursa. Taj osećaj se, smatra ona, ne prenosi posredstvom značenja, već posredstvom kompozicije i ritma. Zato se njena poezija ne uspostavlja upućivanjem na onostrano, kao kod Dine Vuković. Pesme objavljene u ovoj zbirci su mali kolaži koji dovode u nekoherentnu ali sugestivnu vezu fragmente istrgnute iz različitih diskursa, a efekat tog postupka je paradoks. Jelena Tešanović u poeziji, po sopstvenim rečima, beži od subjektivizma i smatra da ako autorka prevaziđe patetiku, tada nastaje umetnost. Ona insistira na tome da nema muške i ženske poezije i da kao autorka beži od ženske poezije shvaćene u negativnim terminima mizoginog gledišta (definisane kao patetične, sentimentalne, ljubavne, zanatski loše izvedene, usredsređene na usku sferu privatnog). Subjekt se u njenim pesmama, objašnjava Jelena Tešanović, reflektuje u predmetu. Subjekt funkcioniše kao tabula rasa i u interakciji sa predmetima dolazi do spoznaje o sebi. Ova urbana poezija upliće savremene mitove popularne kulture, fragmente svakodnevice, fraze koje pripadaju sferi zdravorazumskog mišljenja i reference koje upućuju na književne žanrove. To preplitanje je često ironijsko, a ironija se ponekad javlja i u obliku autoironije. Jelena Tešanović smatra da poezija nije poezija ako nema više slojeva. Ironija njene poezije ima metajezičku funkciju i upućuje na tekstualni karakter pisanja. Za razliku od Ivane Velimirac koja se bavi sličnom problematikom baratajući modelima istorijskih književnih prikazivanja, J. Tešanović se bavi malim jezičkim segmentima, stihom ili jezičkom frazom. J. Tešanović ukazuje na književne konvencije i književne strategije i taktike, na nivou pesme, stiha ili fraze. Ona se poigrava i destabilizuje fetišizirani sakralni smisao pojmova kao što su inspiracija, deseterac, kontekst, nimfa, metafora, rečenica. Desakralizuju se i ikone popularne kulture, na primer, Grejs Keli i Merilin Monro. Natalija Marković, Snežana Žabić i Tamara Šuškić se prema popularnoj kulturi odnose kao prema bitnom konstitutivnom elementu savremenosti. One u visoku kulturu unose strategije i taktike popularne kulture. Jelena Tešanović razvija kritički stav i prema mitovima visoke i prema mitovima popularne kulture. Neke pesme izgovara ženski glas, u nekim pesmama subjekt poezije postaju predmeti ili prostori, a prvu pesmu u zbirci izgovara muški glas. Sve nam to govori da subjekt pesama ove autorke nije stabilan, nije izvestan, pojam koherentnog lirskog subjekta i lirskog glasa dovode se u pitanje, jer je taj glas uvek posredan i konstruisan.

KSENIJA SIMIĆ (1974) je objavila zbirku priča pod naslovom *Olistavanje* (1996). Krajem devedesetih nastao je rukopis pesama pod nazivom (*Pseudo)poezija*. Naslov ukazuje na problematični status tekstova objedinjenih u zbirci. Autorka raspoređuje reči na stranici papira tako da čitaocu/čitateljki signaliziraju da je u pitanju poezija. Ali, njihov narativni naboj je bliži prozi nego poeziji, što može delovati zbunjujuće. Ona se poigrava kodovima proze i romana, koji se zatim na neuobičajen način povezuju sa strategijama i taktikama poezije. Ovaj postupak stvara napon između kodova ove dve književne vrste, koji otežava recepciju čitalaca/čitateljki naviklih na ustaljene žanrovske karakteristike i kontekstualizacije. Koristeći lirski naboj autorka povremeno aktivira umetničke taktike koje proizlaze iz mitologije bit generacije (buntovni odnos prema društvu, putovanje kao oblik životnog stila, itd). K. Simić se bavi modelima pisanja u još jednom smislu. Budući da se profesionalno bavi matematikom kao naučnom disiplinom, ona često ukazuje na nauku kao posebnu sferu, koja može da se ugradi u spisateljske strategije i taktike. Novije pesme, nastale tokom višegodišnjeg studijskog boravka u USA, pokazuju sve veći uticaj medija na njenu poeziju. Mediji (film, video, kompjuter) i, svakako, popularna muzika, dominiraju okruženjem kojim se autorka kreće. Pesme nastaju kao uspostavljanje dijaloga, često polemičkog u odnosu na dominaciju medijske kulture u savremenoj Americi. Naracija novih pesama se oblikuje dok autorka gleda filmove, dok razmišlja o političkom buntu, dok se kritički suočava sa konstrukcijom idealne ženskosti u medijima, popularnoj kulturi i književnosti.

DRAGANA POPOVIĆ (1982) se upisuje u malarmeovsku tradiciju, krećući se ka naglašenom modernističkom estetizmu. Njeni pesnički i tekstualni radovi su formalno raznovrsni. Ona piše pesme u prozi, ističe materijalnost reči kao grafičkog znaka, koristi sintaksički, grafemski i zvučni potencijal reči. Aktuelizujući malarmeovske forme oprostorene reči, autorka konstruiše apstraktni i artificijelni pesnički diskurs. Zastupajući umetničku ideologiju umetnosti radi umetnosti, ona insistira na ulozi Reči kao bitnom konstituentu pesničkog stvaranja i prepušta se njenoj prividnoj magiji. Njena poezija ima otklon od sveta i pokazuje kako je svet stvoren od reči. Jezik je u njenoj poeziji najvažniji, on je realnost sa kojom nas autorka suočava. Aktivirajući zvučni potencijal jezika, poezija Dragane Popović ukazuje da smisao nastaje iz označiteljske pokrenutosti jezičkog znaka. Njena poezija je eklektična, jer se kreće od čiste sublimnosti modernizma, preko kubofuturističkog zanimanja za magiju jezika kada povremeno ima prizvuk arhaičnih jezičkih modela, preko beketovskog apsurda zatvorenih jezičkih igara do prodora diskursa novih tehnologija (TV, internet, multikulturalizam).

Pesme JELENE SAVIĆ (1981) bave se ženskim identitetom u rasponu od konstrukcije ženske psihologije do izvoženja društvenog identiteta. Pesme izgovara junakinja u prvom licu jednine i uspostavlja odnose između „ja" i „ti", „ja" i „oni"/„one" ili „mi". Ti odnosi su uglavnom puni polemičkih napetosti. „Ja" (ženski subjekt) se konstruiše u odnosu/nasuprot „tebi" (muškarcu), „ja" se konstruiše u odnosu/ nasuprot „njima" (vršnjacima, muškarcima, ženama). Poezija J. Savić pokazuje kako se identiteti konstituišu složenim, diskurzivnim i bihejvioralnim poistovećivanjem ili suprotstavljanjem određenim društvenim, rodnim, klasnim, etničkim grupama i njihovim identitetima. Na razini jezika ona pesmu izvodi politikom identiteta, upotrebom imenica ženskog i muškog roda (na primer, u pesmi „U trenucima užasnute osvešćenosti" stih „Moji prijatelji/ce, šta je sa vama"), što je postupak koji tek odnedavno uvode feminističke autorke u teorijskim i kritičarskim tekstovima i esejima. Opisujući sferu privatnosti Jelena Savić koristi lirski modus, poeziju koja je puna čulnih slika i simbola koji ukazuju na prirodu. Te slike imaju erotski naboj. Kada je „ja" smešteno u širi društveni kontekst, osećajnost je suzbijena i autorka ukazuje na društvene konvencije i način kako one oblikuju društveno „ja" pojedinca.

SNEŽANA ROKSANDIĆ (1981) svojom poezijom uvodi socijalnu dimenziju. Njena urbana poezija konstruiše ženski subjekt pritisnut ekonomskim prisilama, koje, između ostalog, suptilno tematizuju klasni karakter književne proizvodnje. Pisati znači pripadati klasi koja omogućava slobodno vreme za tu delatnost ili bavljenje pisanjem kao profesijom. Pripadati nekoj drugoj klasi u postsocijalizmu, a baviti se pisanjem znači biti transgresivan u odnosu na determinaciju društvene pozicije autora/autorke. Autorka konstruiše turobnu svakodnevicu, ispunjenu stalnim suočenjem ženskog subjekta sa ništavilom društvene, ekonomske i rodne marginalizovanosti. Teskoba proizlazi iz suočenja subjekta poezije sa sopstvenim ja, sa sopstvenom seksualnošću, koja je ujedno i polje manipulacije kojom društvo kontroliše ženske subjekte.

LJILJANA JOVANOVIĆ (1980) u svojoj poeziji izvodi ženske subjekte. U njenom središtu je ženska psihologija, društveno konstruisana kao nestabilna, depresivna, histerična. Nasuprot mračnim psihološkim, društveno konstruisanim stanjima ženske psihe, postavljena je slika vedrine i nežnosti. U kontrapunktu sa mračnim stanjima ona čini društvenu konstrukciju ženskosti u zapadnim društvima. Nove pesme uvode nove elemente: prisustvo medija, krhotine naučnog i teorijskog diskursa. Sve je to postavljeno u polje interakcije ženskog multipliciranog identiteta, koji u pesnički diskurs uvlači reference koje ukazuju na ironijski odnos prema diskursima nauke i savremenih teorija.

SANJA PETKOVSKA (1981) piše poeziju koju interpretira kao društvenu igru u funkciji komunikacije. Povezujući značaj bitničke mitologije snažnog, smislenog i realnog života u svakodnevici, ona piše poeziju koja se najpre kretala između različitih tekstualnosti, noseći tragove diskursa kroz koje je autorka čitateljski prolazila (filozofija, psihologija, new age tekstualna proizvodnja, itd). Sada se njena poezija sve više kreće ks osećajnošću prožetom osećanju svakodnevice, lirskim meditacijama, koje konstruišu lirski ugođaj mitologizirajući romatične trenutke u kojima se konstruše žensko lirsko ja koje opisuje svakodnevicu i teži trenucima epifanije.

ZAKLJUČAK. Namera mi je bila da na dramatičan način konfrontiram strategije i taktike lirskog i pesničkog, lirskog i tekstualnog, pesničkog i tekstualnog u epohi teorije i medija. Složeni i mnogostruki odnosi lirskog i pesničkog u tekstu, pesmi ili govoru nisu samo dijalektičke opozicije različitih pesničkih praksi, već se pojavljuju i u okviru glasa ili pisma jedne autorke/autora u njenoj/njegovoj borbi da se konstituiše kao subjekt stvaranja, konstruisanja ili izvođenja poezije u gruboj i surovoj materijalnoj realnosti srpskog tranzicijskog postsocijalizma. Metafizika, ljubav, nežnost, začudnost, mašta, cinizam, rodna identifikacija, etnička ili klasna konfuzija, borba za nemoguće individualno ili kolektivno jastvo, itd... nisu nevini i čisti glasovi novog jezika nove generacije, već dramatična borba u entropijskom para-patrijarhalnom i etnički totalizujućem društvu. Poezija danas jeste, kao što je uvek i bila, označiteljska borba na gradskim ulicama i skrivenim fantazmima.

STATUS POEZIJE

Uvodna napomena

Baviću se društvenim poljem poezije. To je potrebno učiniti da bi se naznačile transformacije poezije, teorije i kritike pod uticajem aktuelnih razvoja poststrukturalizma, feminizma, teorije roda, ginokritike, neomarksizma, teorije identiteta, gej/lezbejskih studija, dekonstrukcije, teorije medija, teorije masovne kulture i studija kulture. Diskurzivno polje poezije se multipliciralo, kao i heterogeno složeno polje konstitutivnih teorijskih interpretacija. Moj pristup će, zato, biti teorijski eklektičan: kretaću se u različitim registrima interpretiranja i rasprava u poeziji i oko poezije sa svim modifikacijama teorijskih mašina. Ukazala bih na institucionalno polje poezije konstitutivno za nju samu, jer same poezije kao fenomena književnosti nema bez institucionalnih strukturacija. Zanimaće me tipovi pesničke materijalne proizvodnje razvijeni u ovom periodu. Baviću se odnosom pesnikinje-pesnika prema konstruisanom i izvođenom subjektu pesme, kao i odnosom prema jeziku u njegovim složenim pojavnostima, funkcijama i instrumentalnostima, tj. postaviću pitanje: da li je jezik proziran medij koji upućuje na izvanjezičku stvarnost, ili je neproziran i prodire u razumevanje pesme. Namera mi je da opišem i interpretiram rodne identitete u svoj složenosti mnogostrukosti drugih identiteta (klasnih, etničkih, rasnih, poetičkih) i načina kako su u pesmama konstruisani i izvedeni. Zanima me i odnos prema ideologiji kao načinu konstituisanja realnosti, a koji se može iščitati iz strukture doživljaja, mišljenja, pisanja, govora i bihejvioralnog izvođenja poezije. I na kraju, raspravljaću o odnosu pesnikinja-pesnika prema pojmu i paradigmi poezije kao izvođačkog post-žanra.

Društveni i poetički okvir polja poezije

U svakom periodu, u svakom društvu, pa i u ovom koje nazivamo neodređeno našim, postoje istovremeno različite koncepcije kulture. Pesničke izvođačke prakse se oblikuju neodvojivo od tih kulturalnih koncepcija. Pojednostavljeno govoreći, postoji snažna tradicionalistička, konzervativna struja poezije kao lirike, okrenuta postavljanju prošlosti kao ideala i horizonta aktuelnosti. Na formalnom planu odlikuje je upotreba rime, metra, arhaičnog rečnika, nacionalnih tema, univerzalizacije lokalizama, ponekad i tema iz evropske mitologije. Postoji i umerena modernistička i postmodernistička struja, nazvaću je srednjom strujom ili strujom poetičkog i političkog kompromisa. Ona je utemeljena u vrednostima koje se u zapadnom kulturnom krugu smatraju klasičnim (idealnim), večnim (transistorijskim) i univerzalnim (opštevažećim bez obzira na specifičnost kultura), a temama pristupa sa manje ili više modernim ili modernističkim senzibilitetom karakterističnim za humanistički i estetski centrirani lirski glas. Postoje pesnici i pesnikinje koji su u savremenom trenutku i njihova poezija nastaje u procesima dominantnih tendencija i struja našeg vremena. Na početku 21. veka te dominante su: totalizujuće prisustvo medija, društvenih tehnologija, novih oblika i sredstava komunikacije i funkcija teorije. Ova pojednostavljena šema prikriva činjenicu da je situacija mnogo složenija i da postoji mnogo više grupacija pesnika-pesnikinja koje deluju u polju književnosti i razvijaju pesnička uverenja, koristeći složene pesničke strategije u neočekivanim ali kontekstualno prepoznatljivim kombinacijama. Aktuelna književna praksa i književne tendencije izvode se kritički ili apologetski u odnosu prema književnoj praksi prethodne generacije i dominantnoj književnoj praksi savremenika, ali i u odnosu prema društvenim uslovima u kojima nastaju.

Poezija i njeno društveno polje ne nastaje u praznom i neutralnom prostoru egzistencije i bihevioralnosti. Polje književnosti je polje proizvodnje, izvođenja i borbe različitih poetičkih, kulturalnih i društvenih koncepcija, ali i načina života i delovanja. Protagonisti tih koncepcija bore se da nametnu svoje određenje književnosti koje je uvek i izraz moći na društvenoj, kulturalnoj ili pesničkoj sceni. Polje politike i polje književnosti su u složenim konfliktnim institucionalnim odnosima. Književnici svojim produktima, delima koja postaju, bartovski rečeno tekstovi, konstruišu i, istovremeno, zastupaju uverenja svojih specifičnih i određujućih društvenih grupa i, time, konstruišu njihovu realnost. Zato su književni diskursi mesta borbe kojom se nameću značenja i konstruišu realnosti u paradoksalnom odslikavanju realnosti. Poezija je istovremeno slika sveta i konstrukt kojim svet postaje kulturalni produkt. Posredstvom centriranja institucija oficijelnog i alternativnog obrazovanja, izdavaštva, kritike, nagrada, otkupa, itd, artikuliše se dominantni i hegemoni sistem vrednosti i prećutna definicija uspešnog književnog dela kao matrice kreativnog stvaranja koje skriva svoj proizvodni i, time, društveni karakter. U trenutku kada nova generacija stupa na književnu scenu, mnogo toga je već definisano i kanonski nametnuto. Oni se postavljaju prema vrednostima i oblicima književne proizvodnje koji su u konstitutivnoj funkciji u postojećem polju kulture, bilo da se sa njima poistovećuju, suprotstavljaju im se ili sa njima pregovaraju i grade kompromis.

Naznačila bih nekoliko problema sa kojima se danas suočavaju pesnici i pesnikinje u Srbiji. Pre svega, karakterističan problem se tiče selekcije knjiga za objavljivanje kod vodećih izdavača. Selekcija je dvostruka: prvo, biraju se pesnici koji su u stanju da sami finansiraju objavljivanje svoje poezije, i drugo, biraju se pesnici koji se uklapaju u neprozirni kanon umereno modernističkog i umereno postmodernističkog stvaranja (nikada proizvođenja) poezije kao lirike. Drugi očigledan problem je pitanje sistema recepcije. Poezija je, naime, u Srbiji tokom devedesetih godina gurnuta na marginu društva. Navela bih dva moguća razloga za takvu situaciju: insistirajući na narativnim strategijama teksta, postmoderne teorije u središte pažnje dovode prozu kao žanr, a proza je u postsocijalističkoj Srbiji značajna zato što učestvuje u konstrukciji postsocijalističkih ideoloških modela stvarnosti na delotvorniji način od poezije kao lirike koja se prividno opire društvenim funkcijama i interpretacijama sa društvenih, političkih, religioznih ili kulturalnih stanovišta. Savremena produkcija proze najčešće se javlja u konfliktnim vidovima istorijskog romana i postmoderne proze, koje se bave, različitim diskurzivnim obrascima, periodom formiranja građanskog društva u Srbiji, mešajući fikcionalne i stvarne likove i događaje. Moglo bi se reći da je proza politički instrumentalniji žanr: jezik je u njoj proziran čak i kada se služi postmodernim tehnikama, važna je funkcija priče koju priča narator, te su joj šira čitalačka, ali i uža stručna publika naklonjenije u izvođenju sopstvenog identiteta i političke moći. Zato izdavačke kuće u prvi plan stavljaju prozu, dok je sve manje edicija koje sistematski prate pesničku produkciju. U takvim okolnostima, kontinuitet u objavljivanju poezije pesnik i pesnikinja mogu postići ukoliko imaju, u terminologiji Pjera Burdijea, dodatni kulturni kapital – ukoliko su kritičari, urednici, ukoliko njihova poezija otelotvoruje sistem vrednosti koji zastupaju urednici, ako pripadaju grupaciji koja ima monopol nad sredstvima za proizvodnju, reporodukciju, interpretaciju i verifikacuju književne proizvodnje. Pitanje odnosa statusa proze i poezije u postsocijalističkom srpskom društvu ukazuje na pitanja o strukturiranju društvene i kulturalne moći, moći u fukoovskom smislu. Poezija kao lirika dobija svoju marginalnu poziciju i time biva potisnuta izvan društvene borbe. A ja želim da pokažem da su statusi poezije kao stvaralačke lirike i poezije kao tekstualne proizvodnje politički uzorci borbe za diskurs i diskurzivne identitete u političkom polju.

Kako pesnik (ređe pesnikinja) izgrađuje svoj pesnički identitet i autoritet, odnosno, šta ga odvaja od drugih kojima to ne uspeva? Pesnik može da zadobije znatan kulturni kapital ako njegova poezija zadovoljava kriterijume koje proklamuje dominantna grupa koja definiše polje poezije isključivo kao lirike. Pesnik tada postaje njen eksplicitno ili implicitno izabrani 'član' i njegov rad učestvuje u konstruisanju definicije poezije vladajuće grupe. Ukoliko pesnikovo delo u dovoljnoj meri ne ispuni zahteve kulturalnih arbitara, dolazi do razmimoilaženja, tj. do sukoba unutar iste pesničke paradigme. Pesnikinja/pesnik se u ime univerzalnih vrednosti, a u stvari u ime konkretnih političkih i poetičkih identifikacija, uključuje ili isključuje iz sveta aktuelne poezije. Drugim rečima, postoje borbe za moć, dominaciju i hegemoniju između različitih paradigmi, ali se ta borba odvija i u okviru iste paradigme. Polje književnosti ni u jednom segmentu nije stabilno i homogeno, mada se u diskursu dominantne kritike tako prikazuje, i protagonisti se u tom polju bez prestanka bore da realizuju što veću moć i uticaj. Pitanje poezije je pitanje moći.

U svakoj kulturi postoji dominantno određenje „šta je u ovom trenutku dobra poezija“. Kritičari upoređuju svoj (normativni) pojam poezije sa konkretnom pesničkom proizvodnjom i procenjuju je. Norme poezije se vremenom menjaju.

Tokom osamdesetih godina dominantan (normativni) model u Srbiji bila je narativna pesma, koja se mogla kretati ka polovima lirizma ili verizma, ili je u sebe inkorporirala strategije radikalnih pesničkih praksi, što se označavalo sintagmom „lom jezika". U kasnim osamdesetim i tokom devedesetih godina kao normativan model uspostavljena je eklektična i postistorijska postmoderna poezija, koja poetički manipuliše tragovima pesničkih strategija od predmodernističkih do avangardnih. Normativni pristup poeziji, koji nije samo estetički, već je uvek i politički, uzima u obzir samo one pesničke korpuse koji nastaju u skladu sa kritičarevom paradigmatskom normom, dok tekstovi koji nastaju iz drugačijih poetskih pretpostavki, za kritičara, a često i za kulturu u celini, suštinski ne postoje. U malim kulturama uvek dolazi do te vrste cenzure ili potiskivanja, odnosno, brisanja onih praksi koje se ne uklapaju u domaći meanstream – tako, Nastasijević dominira, a Micić, Aleksić, de Buli, Jela Spiridonović Savić, Anica Savić Rebac se potiskuju i brišu iz korpusa vrednih dela.

Za razliku od normativnog pristupa poeziji, smatram da je zadatak teorije poezije da preispita i problematizuje kritiku i da, zatim, problematizuje, kritikuje ili dekonstruiše po sebi prividno razumljivo izricanje/proglašavanje vrednosti i izvođenje poetičkog kanona. Kritičari i kritičarke treba da budu u stanju da preispitaju svoju teorijsku poziciju i, da izvedu interpretaciju heterogenosti književnih dela i svetova poezije. Oni treba da razviju konceptualne i diskurzivne pristupe koji mogu da interpretiraju strategije i taktike koje se temelje na različitim pesničkim i egzitencijalnim, a to uvek znači i političkim paradigmama. Potrebno je zapitati se kakva je struktura dela, koje su umetničke strategije upotrebljene u njegovom konstruisanju i kako su izvedene s obzirom na etnički, rodni, rasni, ili klasni položaj autora u društvu. Australijska teoretičarka književnosti Rozmari Hauzman insistira na tome da se značenje književnog dela ne nalazi u tekstu, već u društvenoj funkciji na koju reaguje osoba za koju određeni jezik ima značenje. Ona se zalaže za poststrukturalističko shvatanje da su društvene prakse materijalne jezičke prakse, i obrnuto, da su jezičke prakse materijalne društvene prakse. Zbog toga smatra da proučavanje književnosti mora da obuhvati „proučavanje praksi proizvodnje i interpretacije (kako se nešto stvara i kako se tumači), kojima se neki tekst prepoznaje kao primer određenog žanra". Zatim, ono mora proučiti „prakse proizvodnje i interpretacije koje govornik-govirnica/pisac-spisateljica ili slušalac-slušateljka/čitalac-čitateljka prizivaju kada shvate koji je žanr u pitanju".[1]

Definicija, ali i intuitivno određenje poezije je istorijski i kontekstualno promenljivo, na to ukazuju brojne studije nastale od osamdesetih godina 20. veka do danas. Tako, na primer, engleski teoretičar Entoni Isthoup proučava stihovne oblike od srednjeg veka do modernističkog slobodnog stiha, i njihov odnos prema društvenim formacijama u kojima se uspostavljaju kao dominantni. Isthoup smatra da: „Na metar ne treba gledati kao na neutralnu formu pesničke nužnosti već kao na specifičnu istorijsku formu koja proizvodi izvesna značenja i činjenja, dok druga isključuje." O pentametru ovaj autor piše: „Postavši dominantan u novoj dvorskoj kulturi, pentametar je istorijski konstituisana institucija. U engleskoj poeziji on nije prirodan, već je specifičan kulturni fenomen, jedna diskurzivna formacija."[2] Imajući u vidu Isthoupova istraživanja, kao i istraživanja francuskog teoretičara Anrija Mešonika (Henri Meschonnic), američka istoričarka književnosti Mardžori Perlof (Marjorie Perloff) objašnjava: „Izbor metra je u ovom kontekstu važan pokazatelj istorijske i kulturne formacije u kojoj se pojavljuje. Kao čitaoci savremene poezije mi se nećemo zapitati: 'Da li je dobro to što je, recimo pesnikinja Lin Hadžinien (Lyn Hejinian) napisala knjigu *Moj život* u prozi?' Pitanje će glasiti: 'Šta znači njen izbor?'"[3]

Kulturna politika i politika poezije

Protagonisti kulturne scene u Srbiji od pisaca/ spisateljica do kritičara/kritičarki i teoretičara/teoretičarki uglavnom polaze od prećutnog idealističkog uverenja da književnost i kultura u najširem smislu nemaju kulturalne, političke i ideološke konsekvence. Kultura je područje neproblemske 'slobode', koja nas oslobađa odgovornosti i smešta u područje legitimne nevinosti. Ali pošto je kultura veoma komplikovano povezana sa ekonomijom i ideologijom društva, politika i kultura nisu odvojene oblasti. Kultura je polje koje ima regulativnu i reprezentativnu simboličku funkciju (značenje, vrednost) za društvo. Ona je, zato, interesna sfera, iznad svega sfera moći, kontrolisana razrađenim sistemima koji konstruišu, nadgledaju, odobravaju, podupiru 'podobne' ili eliminišu 'nepodobne' ili strane, odnosno, drugačije književne i interpretativne prakse. Institucije univerziteta sa nastavnim programima po kojima će studenti učiti određuju koji je tip interpretacije dozvoljen i, čak, moguć ili nužan. Urednici u izdavačkim kućama i časopisima odlučuju koje će knjige, pisci, pesme biti objavljene. A, žiriji odlučuju koji će pisci i knjige biti nagrađeni i promovisani, a to znači uvedeni u javno mnjenje i centrirani u kulturalnoj distribuciji značenja, smisla i vrednosti. Kritičari kroz formalne ili neformalne institucije kritike odabiraju, proglašavaju i interpretiraju neke knjige i autore kao vrhunsku identifikacionu književnost jedne kulture. Ponovo naglašavam da pomenuti institucionalni sistemi proizvode okvire koji omogućavaju proizvodnju, razmenu i potrošnju književnih dela u skladu s dominantnom definicijom „dobre književnosti". Dela će se, zatim, prema neizrečenim, ali određenim, prećutno podrazumevanim i usmeravanim vrednosnim sistemima, procenjivati i dobijati određeno mesto u nacionalnoj kulturi ili će biti cenzurisana, izopštena iz nacionalnog kanona (tako se marginalizuju srpski avangardisti u ime srpskih modernista

dvadesetih godina). Nacionalni kanon je, nužno po svojoj ulo-
zi u konkretnom istorijskom i geografskom društvu, selekti-
van i restriktivan, jer zastupa konstrukciju književnog idealite-
ta u procesu političkog i kulturalnog izvođenja nacionalnog
kolektivnog identiteta. U odnosu na heterogeno i kontroverz-
no polje kulture, u kanon ulazi mali broj književnika i dela. U
kanonu srpske književnosti nedostaju spisateljice i mnogi knji-
ževnici, pripadnici radikalnih ili marginalnih, odnosno, asi-
metričnih umetničkih formacija. Institucije književne moći
koje oblikuju kulturu u Srbiji još se nisu transformisale, nisu
ušle u procese tranzicije i globalizacije književne teorije, da bi
se započelo sa redefinisanjem kanona ili sa konstruisanjem vi-
še paralelnih i uporedivih kanona.

Društveno konstruisanje polja poezije

Ukazala bih sada na karakteristični i vladajući anti-intelek-
tualistički odnos prema poeziji u aktuelnoj srpskoj kulturi. Ide-
alna pesma za većinu čitalaca, kritičara i pesnika je narativna,
mimetička i, svakako, suštinski antimodernistička pesma. Jezik
je tu prividno prozirni medij, sredstvo iskazivanja pesnikovih
fantazama, nadanja, unutrašnjih meditacija i spoljašnjih doživ-
ljaja. Pesma je u okviru ovog uverenja samodovoljan, estetski
centriran predmet, odvojen od drugih diskursa kulture. Odvo-
jena je od istorije, od politike i usmerena je na intimni prostor
koji zaokuplja perceptivnu svest lirskog subjekta. Ovde je reč o
uspostavljanju intimističkog lirskog rezervata za poeziju. Poe-
zija je 'bezinteresna' sfera i ni u kom smislu nije područje oči-
glednog angažmana, mada paradoksalno, veoma angažovano
potvrđuje tradicionalistički i antimodernistički model uloge,
funkcije i smisla poezije u građanskom buržoaskom društvu
koje se reciklira u aktuelnom tranzicijskom preobražaju samo-
upravnog ili realnog socijalizma. Pesnici se bave intimnim do-

življavanjem stvarnosti jednog prividno koherentnog subjekta (koji se javlja u „ja" formi, „ti" formi, ili u formi trećeg lica jednine). Ovi pesnici se ponašaju kao da iza njihove poezije stoji jaki konzistentni i definisani subjekt lirike, a ne, zapravo, hipotetički tok heterogenih i nekonzistentnih hipoteza izvođenja ja. Jezik se tu pokazuje kao da nije 'kontaminiran' jezicima teorije, istorije i drugih umetnosti, odnosno, ideologije. Naglašen je stav da je teorija pesniku strana i da šteti njegovom izvornom, iskrenom, istinitom, autentičnom, histeričnom ili arhetipskom 'ja'. Učene reference, ako ih ima, kao i odlike same forme (upotreba metrike, rime, određenih oblika strofe) spoljašnje su i imaju funkciju ornamenta, a zapravo su kodirane poruke o pesnikovom odustajanju od aktuelnosti u ime tradicije i tradicionalno idealizovane liričnosti. U građanskom društvu, opterećenom ekonomskim, političkim i egzistencijalnim problemima, pesma se tumači kao mesto po sebi razumljive slobode, mesto nesputane igre mašte i stvaralačkog erosa. Laž savremene lirike je u tome da ona projektuje autentičnost, iskrenost, istinitost, subjektivnost, samosvojnost i talenat na mestu na kome više niko ne veruje u te koncepte i njihove kulturalne i umetničke funkcije. Mada, svi se ponašaju saglasno toj laži lirike kao mesta idealiteta.

Postoji i drugačiji pristup poeziji. Poezija se može, na primer, shvatiti kao intelektualno orijentisana kritička delatnost u konkretnim društvenim uslovima i okolnostima. Ona je povezana sa znanjima ne samo istorije književnosti i posebno istorije poezije i njenih poetika, nego i poznavanjem teorije, umetničkih pravaca, savremenih trendova ozbiljne i popularne kulture (muzike, filma, televizije, interneta), itd. Ona se može konstituisati kao mesto otpora, destrukcije ili dekonstrukcije dominantnog sistema vrednosti. Poezija se shvata kao mogući svet koji u sebe i kroz sebe može da inkorporira različite 'jezike': jezike ideologije, istorije, teorije, medija i drugih umetnosti, ali i svakodnevice, i društvenih mehanizama i borbi u aktuelnosti.

Subverzivno delovanje u poeziji može se odvijati na različitim nivoima tematike, forme, izvođenja, funkcija, vrednosti, značenja ili smisla, ali i razmene, potrošnje, recepcije, arhiviranja i premeštanja. Subverzija samo na planu tematike, najčešće, nastaje sredstvima tradicionalne narativnosti, ali promenom vrste 'teme', na primer, uvođenjem netipičnih i nekanonizovanih lirskih tema iz popularne kulture, marginalnih rodnih, etničkih ili rasnih grupa. Ova vrsta subverzije je uvek, ipak, prividna, kao što kaže Rejčel Blau DuPlezi (Rachel Blau du Plassis), subverzija ne može da se odvija samo na ravni tematike, već mora da se sprovede kroz različite aspekte, funkcije i potencijalnosti jezika. Zato, prava subverzija – ona koja menja stanje stvari u svetu poezije – polazi od kritičkog i dekonstruktivnog rada na funkcionalnim odnosima tematike, forme, izvođenja, društvenih funkcija, vrednosti, značenja i stvarnih ili fikcionalnih smislova identifikacije u i kroz poeziju.

Literatura

Rachel Blau DuPlessis, *The Pink Guitar — Writing as Feminist Practice*, Routledge, New York, London 1990.

Pjer Burdije, *Pravila umetnosti – Geneza i struktura polja književnosti*, preveli s francuskog Vladimir Kapor, Zorka Glušica, i drugi, Svetovi, Novi Sad, 2003.   .

Rosemary Huisman, *The Written Poem – Semiotic Conventions from Old to Modern English*, Cassell, London and New York, 1998.

Entony Easthope, *Poetry as Discourse*, Methuen, London, 1983.

Marjorie Perloff, *Radical Artifice – Writing Poetry in the Age of Media*, Chicago University Press, Chicago 1991.

Mardžori Perlof, „Blještavi i neizbežni ritmovi – 'Izbor' metra i istorijska formacija", prevod Ana Gorobinski i Dubravka Đurić, *Ovdje*, br. 370-372, Podgorica 1999, str. 67-81.

Henri Meschonnic, *Critique du rythme: Anthropologie historique du language* (Paris: Editions Verdier, 1982

NAPOMENA

Tekstovi sabrani u ovoj knjizi nastali su u proteklih desetak godina. Tri konteksta su omogućila njihov nastanak. Najpre časopis *ProFemina* sa urednicama koje su se između ostalog okupile oko projekta promovisanja ženske urbane modernističke i postmodernističke spisateljske prakse. Drugi kontekst je Centar za ženske studije, koji mi je pružio alternativni istraživački i predavački prostor. Treći kontekst je Asocijacija za žensku inicijativu i u njoj Ažinova pesnička i teorijska škola koja je stvorila kontekst nove pesničke prakse krajem devedesetih.

Prvi tekst je pisan kao neka vrsta kritičarskog manifesta i pokušaj je 'kritičara' da zasnuje svoj metod. U tekstovima se može pratiti moje okretanje ženskim studijama i feminističkim konceptima tumačenja poezije, u kojima počinjem da insistiram na problemima rodnog određenja poezije, ali i kritike, kao kulturalne prakse. Interpretacije pokazuju i moje kretanje od modela strukturalnog, u osnovi anglosaksonskog, novokritičarskog modela pomnog čitanja, ka interpretativnom modelu u kojem kritičarka sve više zastupa uverenje da su književna dela diskursi koji su u dijalogu sa drugim diskursima koji kolaju u datoj kulturi.

Tekstovi su nastali iz želje da se konstruiše jedan kanon autorki, koji bi u retrogradnim devedesetim pružio kontekst za nastanak drugačije pesničke prakse od one koja je tada preovladavala. Birane su autorke čiji se rad iz različitih razloga opirao asimilaciji u kulturi, drugim rečima, nije teoretizovan niti kanonizovan.

Naslov knjige *Govor druge* odnosi se na mene kao kritičarku koja se u kulturi postavlja kao druga, kao i na pesnikinje koje su uvek u kulturi postavljene kao druge. Pozicija drugosti je pozicija margine. Ova kritičarska praksa u središte postavlja pesničke prakse koje dominantna kultura postavlja kao marginalne, zanemarene, zaboravljene, manje bitne i necentrirane prakse.

BELEŠKA O AUTORKI

Dubravka Đurić (1961), jedna je od osnivaćica-urednica časopisa *ProFemina*, predavačica u Centru za ženske studije a u Asocijaciji za žensku inicijativu vodi Ažinovu pesničku i teorijsku školu. Uredila je antologije: *Novi pesnički poredak – antologija novije američke poezije* (uredila i prevela sa Vladimirom Kopiclom, 2001), *Impossible Histories – Historical Avant-gardes, Neoavangardes, and Postavant gardes in Yugoslavia 1918-1991* (sa Miškom Šuvakovićem, 2003), sa mlađim autorkama priredila antologiju *Diskurzivna tela poezije – Poezija i autopoetike nove generacije pesnikinja* (2004), zatim studiju *Jezik, poezija, postmodernizam* (2002) i knjigu izabrane poezije i eseja *All over* (2004). S engleskog prevodi poeziju, drame i teorijske tekstove.

SADRŽAJ